熟成

大學教師真心話

何青蓉 著

推薦序

堂堂溪水出前村

　　將生命歷程比喻為一條從高山之處奔流而下的溪水，流到山腳到了平緩的大地，那溪水的奔騰變成壯闊、平穩與安靜的河道，緩緩地流向大海；青蓉用了南宋楊萬里的這首詩為這本書的文首，我覺得再適切不過了！

　　我是青蓉的學生和好友，能意會她從青壯年到即將進入老年的這段過程，那最為真實的生命感受。正如她在〈教與學〉篇首上下半場的心情與感悟，上半場身為講台上教師的慷慨激昂與期待，到下半場的同理、順應牽引與智慧，就像那條溪河，在高山上涓滴形成，激越挑戰山峭落差，當穩定匯聚成為堂堂之河，已抵平原自然之處，撫慰人心、滋養眾多，自是這個階段最讓人安心與歡喜之境，而我有幸其中，也沾得恩惠，無限感恩！

　　這本書的內容雖說不是學術性文章，但成人教育者的教學自省，對成人教育核心脈絡梳理與對應時代處境與變遷的自陳躍然其中，讀起來深有觸動，相較於學術文章，不僅更加真誠，也深具滋味。〈教與學〉篇章從成人教育中「成人」的定義開始，擺脫學術陳述，直指「人性化發展」作為成人意涵的重要性，「成為完整的人」為成人教育的目標，將成人教育者的信念敘明得非常清楚。

　　作為成人教育者，要將學生帶到那裡去？帶著信念和學生一起航向彼岸，自身必須先成為信念者，無此信念，教與學者都將淪陷於價值觀與趨勢快速遞變的社會之流中失去方向。「成為完整的人」作為核心目標，在我過去向青蓉學習的印象中，隱藏在諸多課程教學設計裡，例如：對我極具啟發的教學哲學與教學系統建立，釐清自身的教學信念、目標、策略與方法，藉由課堂實作練習，有了自我澄清的機會，幫助當時在大學任教的我，更認識自己以及作為教師的信念，先在教「人」這件事上有所確認，並能清楚了解與同理學生的處境，在教學目標下發展適合的教學設計。從那以後，我的師生關係親和很多，對教學亦更具信心！

　　如果說人性化發展是成人教育者的信念，那麼學佛對青蓉來說，像是添了羽翼，更能自由地在教學者的自我掙扎經驗中照見自身而多得智慧。〈信為能入、智為能度〉、〈因緣和合，教學始相長〉兩文回應教學現場可能出現的衝擊與領悟。在教與學的關係中，各有期待，也各有處境，教者期望學者專注與學成，學者或有選課勉強、或有時間競逐之處境，因此教者有執著，而學者有遁逃之法，在如此處境共業下，如何還能俱足因緣，教學共展共學，便需要智慧，佛學、反思與悟道因此經常出現在青蓉的文脈當中。身處資訊流動迅速、價值觀變遷快速，以及社會處境多元的當代，擁有信念、修持自性與心法非常重要，成人教育者必然需要真誠以待。正如「教學不僅是技術，還是藝術。」那藝術的部份是一種熟成，「人」成為教學的核心，同在共有的處境脈絡下，面向成為完整之人的共學。

　　除了成人教學者自身的信念與實踐之外，世界的開展也是重要的領略，〈悅讀〉此一篇章源自青蓉認為經典之作的書籍，她一一為這些書籍寫上介紹文。曾經在青蓉的課堂上結起因緣的幾本書，也收錄在篇章中。很喜歡帕默（Palmer）教授寫的《教學的勇氣》這本書，青蓉引書中「好的教師會將自我、授課內容和學生織入生命的經緯當中，並引導學生如何在自己的世界也編織這樣的網」作為說明，教師自我認同與人格統整，能自我認識，對自我的能與不能有透徹的了解，才有機會在學習者面前坦然以對，教學者的信心與權威便建立在此，此權威是教與學相互間的喚醒及共振。這本書對我鼓勵甚大，也常以此書分享給同行，作為具機緣者的相互連結。還有一本書是《面臨十字路口的成人教育—學尋出路》，作者很有脈絡，且簡潔的鋪陳成人教育發展流派與趨勢，讓初入成人教育領域的我，對領域認識有了大體的輪廓，但更重要的是作者群也針貶當代成人教育發展，提出領域衝擊與反思。因為這本書的啟發，於我投入社區大學運動產生了很大的支撐力。第三本重要的書籍便是《受壓迫者教育學》，但說是一本書，不如說是透過這本書認識了弗雷勒（P. Freire）完整的教育哲學，啟發了我對人的教育與社會改革路線的認識。有心人也許透過這些書的介紹，也可尋得自身在成人教育路徑上的認識。

　　面向成人教學專業與自身，青蓉同時發展世界的涉入與對話。我和她的認識始於讀書會流行的 1990 年代，她初進高雄師大任教，對於讀書會的推動有很多想法與行動，那時的她精進、嚴謹和專注。社區大學運動啟動之後，我們有機緣成為同道，在不同的角度上參與推動社區大學，從創會到建置社區大學，

青蓉的成人教育理念奠下社區大學建置的基礎，從無到有，一路發展到現在的規模。中期基於生命經驗的反思，釐清社會參與方式，青蓉選擇專注於教育以改變社會，正如她貼於研究室的座右銘：「教育不能改變政治，但可以改變從政的人」，以教育成人教育者為路徑，持續參與社會行動。

　　與其說青蓉以教育改變社會，倒不如說她以身為成人教育者的角色，參與「人」的世界，藉之發展對人類生命與生活的關照、反思與實證，這其中有著她自己的修練，但更多的是在這樣的修練過程中牽引出的漣漪與機緣與創造，正影響著更多的人。「學高為師，身正為範」，從教育的角度來看，正是這樣的作用，引領著時代！

　　再過幾個月，青蓉即將卸下教職，進入人生黃金階段，「堂堂溪水出前村」作為此刻的寫照，隱含著為已完成的經驗進行整理、為現在定錨，為未來舒展。其中不僅是自身的梳理，也意涵與眾好友、學生共振，因這川溪水的滋養，交織為美好的生命田園與風景！

高雄市第一社區大學校長　張金玉

|自序|

熟成：大學教師真心話

「別僅為了三個學分寫作業」，常常我如是告誡學生，經常另外一個聲音同時現起：「別僅為了『大學教師』這個職位浪費自己的生命歲月」。初任大學教師之際，幸運地我學到「職業」、「專業」，及「志業」的區別，也因為在成人教育領域耳濡目染之下，認定「成人」（being a person）這個動態的歷程，是個體趣向成熟而完整的歷程，亦即朝向「人性化」（humanization）的發展。在這樣的自我期許之下，成人教育工作對我而言不只是一個職業、專業，更是一個志業，它是我「成為人」的試煉場；大學教師僅是我的一個身分地位（status），我看中它是因為它能讓我的生命得以一步一步增上。

作為教育工作者，知行合一是我的核心信念。在大學教書很容易掉入抽象的世界而與服務對象脫節。因此，如何將所學的成人和終身學習理論付諸實踐成為我念茲在茲的課題。曾經我以國家政策和校外社區為行動實踐的場域，幾年下來，非但弄得自己疲累不堪、憤世嫉俗，而且忽略了眼前的學生。

後來，仔細想雖然我與學生們相會在學校圍牆內，從他們身上出發，影響社會不無可能。借用英國學者紀登斯（A. Giddens）生活政治（life politics）的概念，相信基於人的能動性，透過反思，個人能夠從事生活選擇（life choice），在其自我實現的過程中，也會反過來影響國家、社會，乃至全球的政治決

策 [1]。就這樣，我從日常生活和教學活動出發，並在部落格撰寫網誌，繼續從事社會實踐。

　　本書的內容主要來自於我在「何青蓉共學網」（2006 年始）和「Ching's Notebook：行有餘力則以學文」（2015 年始）陸續撰寫的網誌文章。呼應上述生活政治的概念，從自我反思開始，內容包括日常生活各種題材，我走出另類大學教授的生活選擇。因此，本書可說是個人從教育工作崗位，通向生命和社會實踐的書寫。

　　本書的結構係以主題方式呈現，包含〈教與學 -- 堂堂溪水出前村〉和〈悅讀 -- 只緣身在此山中〉兩大篇。「堂堂溪水出前村」引自南宋詩人楊萬里的詩作；「只緣身在此山中」引自北宋文豪蘇東坡的大作，兩者均反映了我的心情。平心而論，過去三十年來撰寫了許多論述性的文章，這些文章我刻意用比較白話乃至近身的方式書寫，無非希望跳脫學術抽象語言和生硬的表述方式去處理嚴肅的主題。

　　上篇〈教與學〉含括了五個主題：「教育目的與教師角色」、「課程設計與教學理念」、「數位教與學」、「教學過程點滴」，以及「各門課的教學實踐」；始於〈我在教師這一行〉短文，結束在〈堂堂溪水出前村〉一文，分享我個人三十年的課程與教學實踐模式。

　　下篇〈悅讀〉部分的文章大部分是我這一年撰寫的體悟，

1　有關紀登斯的生活政治論述，轉引自：黃騰（2012）。風險社會下的生命教育課程：從「生命意義」到「生活政治」。**生命教育研究**，4（1），1-25。

含括了四個主題：「成人教育與研究」、「成人教育哲學與目的」、「成人學習與教學」，以及「成人識讀教育」。撰寫這些文章的初發心僅是為了退休之際，將研究室的藏書送出時，附贈一點小禮物，讓取書者知道我是如何看待那些書籍，又如何與它們互動。因此，這些文章雖然是我的讀書心得，但不是典型的書籍推薦。發願容易，行時難，眼前書櫃滿滿，重新閱讀的心情竟有如「只緣身在此山中」。

回到本書的主題：「熟成」一詞怎麼來的？如果讀者仔細閱讀的話，可以發現每篇短文之後都留下撰寫的日期，可以推知我當時的心情，揭露了眼前的這位大學教師之道並非風調雨順，時而遭遇風暴的考驗，但也因此一步步熟成。

本書的出版要謝謝很多人的協助。聽說我要出書，高雄市第一社區大學的張金玉校長二話不說同意為我撰寫推薦序，她與我亦師亦友，印證了成人教育是朋友教朋友的關係。閱讀她的推薦序又一次回顧了這一路我們共同推動成人和社區學習的生命體驗，至為感恩。家彤更是積極主動，只要收到稿件，立即在忙碌生活中擠出時間校稿。自從她從高雄師大成人教育研究所畢業後，我們有好一陣子未曾見面，也因為幫忙校稿，我們終於找到機會見面了。當然，更要謝謝麗文文化事業協助出版，尤其是編輯李麗娟小姐，很高興在這書的出版過程中，與她合作愉快。更要謝謝這一路成就我的師長、同行，以及學生們，如果沒有您們，我也無法在此說出大學教師真心話。

最後，在退休之際，將我多年的心得匯聚成冊，除了階段

性地總結自己在大學教書生涯中如何一點一滴地落實教育理念外，更期待讀者，包括同儕、學生，以及關心教育者，從閱讀各篇文章中得到一些啟發和希望，有力地繼續在成人與高等教育道上前行。

何青蓉　於高雄師大成教所

目次

教與學—堂堂溪水出前村

教育目的與教師角色

| 各門課之教學實踐 |

悅讀—只緣身在此山中

成人教育與研究

成人教育哲學與目的

成人學習與教學

成人識讀教育

後記

教與學

堂堂溪水出前村

萬山不許一溪奔，攔得溪聲日夜喧，
到得前頭山腳盡，堂堂溪水出前村。
——楊萬里〈桂源鋪〉

教育目的與教師角色

我在教師這一行

上半場
比賽讀書，患得患失
即席應答，磨練思考
認識學生，調整基調
邊教邊學，喜怒參半

下半場
體會因緣，因勢利導
放緩腳步，期許仍在
師生作伙，情義相挺
踏實做去，倒吃甘蔗

感謝我的學生，輪番上陣成就我的生命！

2020.9.28

成人教育是什麼？

　　每年開學新生進來，我總要花一點時間為學生、為自己做一些釐清「成人教育是什麼」？常常講過以後，下次又是東一點、西一點，想想還是必須花點功夫寫下來。

　　當講到「成人」時，許多人直接的冒出的是二十歲以上者或「成熟的個體」；談的是年齡，或生理、心理與情緒的成熟狀態。然而在現實生活中，我們都知道不見得每個二十歲以上者都是成熟的個體。換句話說，「成人」一詞是相對的，相對於兒童；相對於各個社會文化對於成人的期許或所賦予的角色和責任。亦即，成人是種狀態／地位（status），也在這種狀態中，以二十歲或十八歲為成人的法定年齡的說法，才有了較為實質的內涵。

　　再者，只是就提供給超過某個法定年齡者的教育的說法，似乎無法回應上述對於成人發展成為成熟個體的期許。人做為成熟的個體的特徵為何？如果說僅是生理的成熟，其他動物亦有。人之所以為人，最大的特徵在於人有思維、觀察和抉擇的能力，因為這樣，人可以超越個體的生物性限制，從事創造發明（例如：人雖不如鳥，沒翅膀不會飛，然而能夠為了遠途旅行發明了飛機），而這些發明不僅是利己，而且是利他的。

　　就此而言，當我在看待「成人」的內涵時，與其用「成熟」一詞，我更偏好用「人性化」（humanization）來談，這樣的思考和巴西成人教育思想家弗雷勒（P. Freire）是一致的；成人之所以為「成人」是能夠，且應該朝向成為一個完整的人（being a person）的狀態。換言之，「成人」一詞是動詞，而非名詞；這是個歷程，不是指稱某一個年齡，或在某個年齡就可以完成的。

　　所謂「君子有成人之美」，一語道出成人教育工作的本質。子曰：「吾十有五而志於學，三十而立，四十而不惑，五十而知天命，六十而耳順，七十而從心所欲，不踰矩」則道出孔子心中對於各階段成人學習任務的期許。所以當我們談成人教育時，其實內蘊了我們對於成人教育的想像和承諾。九〇年代中期，聯合國教科文組織出版的《學習：內在的寶藏》（*Learning: The Treasure Within*）一書，將學會存在（learning to be）、學會認知（learning to know）、學會做事（learning to do）和學會共同生活（learning to live together）做為終身學習的四大支柱。其中，learning to be 即是指個體的存在狀態。

　　成人存在的狀態和兒童有很大的差別。成人在生活中扮演著各種的角色，譬如：家庭成員、工作者、社區／社會成員和學習者。因此，成人需要的學習範疇廣泛，如：識讀教育、親職教育、職場繼續教育、社區教育，及公民教育等。並且其學習的立即應用的迫切性很強，所以同時學習上述四大支柱更屬迫切。

　　最後，若從成人存在狀態中，其與周圍人事地物互動關係上思考，要成就其成為一個完整的個體——知道如何對待自己、處理人際關係，以及其與環境的共存共榮，成人教育本質上就應該是一種生命教育，倫理教育和生態教育都內蘊於其中。而這樣的課題，應該是串起成人教育範疇內各類主題內在關係的核心關懷。

2006.10.6

要把學生帶到哪裡去？

　　就要開學了，每逢規劃教學綱要的時候，總會自問：要把學生帶到哪裡去？雖說這可能不是學生們的問題，許多學生可能認為快快修完課、拿到學分與畢業證書更重要，但作為教師的我無法如此輕慢，尤其是在教育學院，主修的又是成人教育。若不能想清楚，據以實踐，豈不人格分裂？

　　以十二年國教素養導向思維為例，其核心是培養終身學習者，那是成人教育一向倡導的。但是，如果進一步問：終身學習是為了什麼？顯然終身學習是個手段，不是目標。換言之，核心素養之類的主張都不是終極目標。這讓我陷入綿長的思考。

　　小時候的教育目標是「德、智、體、群、美」，雖然看似抽象，且當年施行時以智育掛帥，不過師生們倒是能朗朗上口。在上個世紀末，以學習者為中心和重視帶得走的能力，取代了以教師為中心與內容導向的教育。在這潮流下我曾經覺得很有道理並且跟著做，但這還是無法回答：教育所為何來？

　　回想到我接受的訓練：科學的求真態度，注重邏輯推理，清清楚楚、明明白白，一分證據說一分話，但教育現場面對人，處於社會生活的各種關係之中，各有關注的焦點，光憑科學態度還是不夠的，更何況若要學生對所學重新詮釋，賦予新的生命，延伸其想像空間，則創造力不可或缺。德國學者哈伯瑪斯（J. Habermas）不也曾經說過，技術、溝通互動與解放是人類求知的三大旨趣嗎？至此好像更明白了。

　　還有，過往教育談的「真」、「善」、「美」冒出，不就是上述的技術、溝通互動與解放的極致！想想這三者並非獨立存在，而是相互交集的。站在教育的觀點，善可能需要大一些，

因為教育的本質在處理人的幸福和安樂，之後才是科學處理的真——探究自然的法則，以及美——那是人文學科所欲發揚的人的創造與解放性。

　　至此，似乎我的問題：「將學生帶往何處？」有了答案。下腳處是每一門課的教學，透由課程的教學規劃一步一步地鋪台階給學生拾級而上，眼前可能是透由主題學習提升某些核心能力，而目標終歸是善、真及美。忍不住探頭望向三者的交集——聖，雖然，路很遙遠。

2022.8.13

大學教師真心話

「別僅是為了三個學分寫作業，那是在浪費自己的生命」，前幾天下課前，我隨口如是勸告學生，不知道他們是否聽得進去？其實沒講的還有更多，並非針對某班或某些特定的學生，而是多年來當大學教師的體認。

這陣子正值博、碩士班入學資料審查和口試期，明顯地看到學生基礎能力在下滑當中。這二十多年來，國內大學通貨膨脹，直到今天，不僅是私立大學，連國立大學都在搶學生，從大學部到研究所，學校為生存，文憑氾濫、品質參差不齊。

雖說大學外有少子女化衝擊，學生來源變少，但長久以來國人對於高等教育文憑的企求未曾減弱，只可惜愈來愈流於形式。學生上課心不在焉，一紙文憑食之無味，棄之可惜，全職學生越來越少，願意投入深度探究學術者更屬少數，學術斷層浮上檯面，尤其嬰兒潮世代的大學教師陸續退休，後繼無人更成隱憂。

自問在這場高等教育下墮的危機中能做些什麼？如同生態崩壞，一切都是環環相扣的，不願意成為共犯結構的一員，期許自己堅持崗位守門。

研究室牆上多年來一直貼著座右銘：「教育不能改變政治，但可以改變從政的人」，眼前根本的責任是將學生帶上來，啟動學習的熱情，引導他們走出僅為生存而學習的心態。一方面，提醒學生上課敷衍結果，不僅浪費了時間與金錢，更浪費了生命，因為在急遽變遷的社會中，文憑或許是張入門票，但個人的能力才是勝出的關鍵。另方面，啟發學生宏觀與全人發展的思維，看見個體與群體息息相關，從中找到學習與個人的關聯

性，為自己的生涯與生命重新定位。

　　在這世代交替的時刻，人才斷層危機已經浮現，不怕自己沒有發展的空間，就怕端不出能力。以課堂中讀到終身學習的五大支柱為例：學會存在、學習如何學、學會與人相處、學會做事，及學會改變，那不是拿來掉書袋用的。學習成人教育至少要能用在自身上，讓自己活得更像成熟的人。能夠如此，起碼不枉費學了這門專業，己立而立人、助人者必先自助，不是嗎？

2022.4.3

話說抄襲

　　近日政治人物的論文被大大檢視，對此亂象非常有感，只能說沉痾已久。話說抄襲這事猖獗到怎樣的程度？論文要比對才能畢業，還有專門的軟體對付之，真是學術之恥。

　　引用文獻加上出處，這是起碼的倫理，文責自負，註明清楚，引用失誤是自身的問題，然若原作者資料錯誤、詮釋不當，則為他／她的問題。責任歸屬清楚明白，但為什麼許多人不註明出處，逕自大段大段地抄襲？

　　先說不明就裡者，迷信論文越長越好，一味堆砌文字，將撰寫論文視為作文比賽。再說學術訓練不嚴謹者，不讀第一手文獻，因為沒有能力閱讀，尤其是外語的文章，只好東抄、西抄，以為可以矇騙過關。這些還是有救的，只要指導老師事先明確指導、過程中做些要求，並讓學生理解撰寫論文的價值，即便是能力較差的學生，慢慢地，也能夠從中磨練出一些思考邏輯、探究能力，以及閱讀和寫作能力等。寫論文如同生養小孩，雖說辛苦，若將之視為自己的骨肉去疼惜，終究會從中長出成就感。

　　只可惜當前的社會充斥著速食文化，急求果報的心態讓許多人不自覺地隨順這股潮流，覺得反正不會有人閱讀自己的論文，志不在所學，先畢業再說。因此，走捷徑找個簡單可以複製的題目，援引類似的文獻，競相比賽誰先畢業，乃至嘲笑那些沒能一起畢業者，找錯指導教授。讀研究所又不是排排隊、吃果子，所謂全班同進同出一起畢業，又是怎樣的思維？的確，同學們相互支持是好事，但急就章之下能否兼顧論文品質，則是另外一件事情。

　　最可怕的是學歷文憑掛帥。眼見親朋好友有個碩士學位，

輸人不輸陣，至少要讓自己的履歷好看些。檯面上被點名的政治人物大概就是這般迷失其中者，反正只是過水，所以到底讀到些什麼也搞不清楚。短視近利的結果不僅輸了自己的面子和裡子，更壞了一鍋粥，讓高等教育蒙羞。

　　教育品質隨著社會風氣日益下墮，身為研究所教授想來痛心，但也僅能自保。多年的研究生涯難免有挫折，然而每完成一個研究，就是一項自我肯定。儘管我並非頂尖研究者，然而從研究中磨練出觀察的敏銳度、思維的嚴謹度，以及研究方法與態度等，深刻地烙印在身上，那是原創，更無法抄襲。

　　人各有志，的確現今許多學生志不在學術，然而至少教他們做人的道理，知道什麼是研究、如何做研究，守住學術倫理，並讓他們畢業時，能自信地捧著自己的論文說：我做到了、我能夠。多年後，驀然回首時發現：自身早已刻著研究所學習的痕跡，貨真價實別人搶不走，更不用興訟。

　　在這高等教育通貨膨脹的時代，最好的投資還是在自己身上，眼光放長遠些。謹以此期勉自己和學生們善盡個人與社會的責任，起碼守住高等教育最後一道防線。

2022.8.31

智慧式槓桿善行

「智慧式槓桿善行」一詞不是我發明的，然而我很喜歡這詞彙，它策勵我做好事必須有智慧，不能想到哪裡做到哪裡，並且要善用自己的優長去做，才會事半功倍。

我是一個「聞一善言，不勝激勸」的人，在感動的當下，常常衝動就做了許多事情，忘了原先想做的事情。就好像本來決定要去臺北，走到臺南被吸引住，先去逛孔廟。這樣走一半，岔出去，什麼時候到達終點，不得而知。換句話說，守住原本的宗旨，貫徹始終，才是直道。

記得八八風災時，我衝動地跑去旗山幫忙清理街上的污泥。可笑的是沒幾分鐘，我就不行了，因為我根本不是拿鏟子的料。這就是典型的不能善用自己的優長做好事的例子。

我是個大學教師，教與學是我的功課，帶好學生是我的責任。觀察臺灣社會發生的種種現象，我常有衝動想做許多事情。然而個人有限的時間與精力考驗我的智慧，做些什麼？不做些什麼？這些年來越發體認，我的實踐場域就在教學現場。只要將我的學生教好，發長遠心、立定腳步，在自己的角色上充分發揮潛能，他們會是我的千手千眼。這是我能做，且必須積極地去做的事情。

教授休假飛快結束，雖然有些遺憾，許多想做的事情都沒有完成，不過確信的是，下學期每門課的教學綱要都重新設計了一番。新學期新希望，正醞釀著與學生們一起，如同雁行千里，展翅高飛！

2015.2.8

好老師必先當個好學生

　　我是一個很不耐煩的人，批改學生論文見學生理路不清，常常把自己的心情弄得波動不已。因此，一直以來指導學生論文成為我很大的負擔。這幾年，學生程度參差不齊，有時候連寫作都有問題，我內心不免生起「我要如此日復一日，收拾高等教育日漸下墮的攤子，賠上我的黃金歲月嗎？」然而，另方面，師長的教誡升起，學生有學生的功課，我有我的功課；自問：「從這過程我要學些什麼？」我看到自己的習性，小事就會把自己弄得糟糕。如同經論上所說：「一瞋能摧毀，千劫所積聚，施供善逝等，一切諸福善」[1]，其實我是很想好好帶領學生，可是光我的不耐煩就打死自己，何況學生呢？

　　記得有一次，某位學生看他的論文被我批得慘不忍睹，問我：「是否沒改過比他更糟的論文？」應該是因為這幾年學習佛法，試著要求自己心對境要如法，那次我竟然可以柔軟地回答：「論文寫作是個過程，你還在學習，畢竟我在這條路走比較久。而且我們兩個人思考邏輯不同，建議你可試著參考我的方式……」。批改學生論文表面上是在教他們，其實更在教自己，練習自己的柔軟心、成就自己的耐心、考驗自己的發心，還有看見自己的無明。儘管如此，並不是每次都成功。「忘失菩提心，修諸善法是名魔業」[2]，一次又一次我在日記中和自己對話。

1　引自《入菩薩行論》，造論者為寂天菩薩。「劫」是時間單位，「善逝」是指老師。意思是說：很長很長時間的布施、供養老師等所累積的諸多善行，只要一生氣就會毀壞那些善行。

2　修學佛法最重要的是發菩提心救度眾生，若沒有菩提心，修習任何善法都將成為魔事。這句話一直提醒我：不斷捫心自問：當一個老師所為何來？

　　暑假期間赫然回首，思惟到自己的問題所在。過去雖然花了許多時間批改學生論文，然而由於不用心、也沒有方法，因此常常處於補漏洞的狀態。也難怪學生累、我痛苦。於是決定詳細指出學生的問題，讓他們回頭閱讀研究方法（論），在批閱時標記出他們應研讀的書籍章節，而我也跟著閱讀各該書籍。如此下來雖費功夫，然而收穫很多，並且發現自己原來讀書也是很鬆散的，難怪師生都跳不出問題的陷阱。

　　很感恩在生命學習的道路上，有老師、有同行、有助伴，還有學生讓我練功。謝謝如願法師的提醒：「找個好老師、當個好學生、欣賞你學生、喜歡當老師。」

2010.2.16

信為能入、智為能度

　　去年初，批改學生期末作業時，因學生作業抄襲之事，大發瞋心，把學生的成績打零分之餘，當天氣得胃痛，作息也弄亂了。之後，帶著糾結不解的心，去教師生命成長營擔任輔導員。當如證法師來關懷輔導員時，雖然我人在營隊，心仍纏繞著學生作業抄襲事件，請問法師我該怎麼辦？法師要我去了解學生為何抄襲？更重要的是，要有耐心、花時間取得學生的信任。

　　回到學校，剛好那班有位學生來問成績事宜。我問他：「為何同學們喜歡從網路上摘取資料？」他表示：就他而言，那會帶來成就感、覺得自己知道很多東西。從學生口中，他們認為我教的那門課是營養學分，再從與學生互動當中，非常訝異他們感受不到我強烈認為的「抄襲」在他心中有什麼嚴重性，顯然，我和學生的認知有很大的落差。

　　沒過多久，被我打零分的學生也打電話來。法師的話在我心中浮現，我平心靜氣地和他通話，告訴他過年前心情很不好，給了他零分的原因。不過，為彌補這被我當掉的狀況，我打了兩通電話去詢問校方有沒有補救的機會。之後，那位學生來信告訴我他抄襲的前後故事。我才發現，如果我真的關心學生，平時應多了解他們。

　　於是從新學期開始，我每次上課帶著晚餐提早二十分去教室和晚上碩專班學生聊天，用心設計並教導學生如何做作業，這樣持續了兩學期。這學期期末，我很驚訝地發現：儘管我還是出同樣的作業：給學生考期中考或期末考、要學生去田野訪問，然而學生成績表現不錯，當然也沒有再發生抄襲事件。「信為能入，智為能度」，這句話是多年前我開始學佛時就已經知

道的一句話，一直到這一年我又有新的體會，學習如何鋪台階給學生和我自己攜手而上，顯然是我的功課。

2020.2.16

學高為師，身正為範

不知道什麼時候，學校正門口高掛著「學高為師，身正為範」，站在行政大樓前方圓環往校門看，極為醒目。一次、兩次，走過的時候，忍不住在心中緣念。開學了，對這句話有新的感受。

小時候填寫我的志願，當老師這事並沒有出現。讀博士時，發的願也是不當老師。即便讀的是教育，然而關心的是學校教育以外的成人教育或社會教育。很幸運畢業後，就應聘到高雄師大擔任教職。因此擔任教師這件事情，在沒什麼想像時就發生了。

之後，是一連串的教學、研究及社會服務。與學生初初交會的那幾年，幾乎都是在與學生比賽讀書中度過。學術知識浩瀚無涯，讀不完的書本和期刊論文。教學綱要總是好幾頁的英文資料，現在回想起來，難怪學生對我敬而遠之。

經過這麼多年，對於授課科目基本內容大概有一些認識，也比較知道取捨，所以授課方向和以前略有不同。開始有餘力關注一些根本的問題，尤其是學生的學習能力和生活／生命態度。當然也是看到現在的學生特性與我的世代差異甚大。譬如，觀察到課堂中，我分享到求學時追求全勤獎，年輕世代似乎覺得有點遙遠。反而是在關於一些前輩教授們的事蹟中，看到學生們眼光中透露出的渴求，但又不知如何想像。

最近上課時，隨口問學生高雄師大英文名字怎麼翻譯？（Kaohsiung Normal University）不能怪學生知其然，不知所以然，因為老師的認識也不夠清晰。特地查詢了一下。Normal 來自拉丁語的 noma，含意為「直角規、規範」。中國的大學把它作為

「師範」的翻譯，是取其「規範」的含意，以對應「學高為師，身正是範」。

　　在西方，Normal 作為培養教師的專門機構名稱頗有淵源。如法國巴黎高等師範大學（École Normale Supérieure de Paris），1795 年拿破崙創立，至今仍是一般人可望不可及的貴族大學；義大利頂尖比薩高等師範大學（Scuola Normale Superiore de Pisa）在世界享有盛名。法語和義大利語中的 Normale 翻譯為英語就是 Normal[1]。

　　「學高為師，身正為範」，驀然回首才發現，儘管這一路摸石過河，雖說有柳暗花明之感，顯然我的教師生涯還有很長一段路待學。

2017.3.5

1　校史資訊—「校名英譯」臺師大 Normal，不 Normal？

一朵拘謹顫抖的玫瑰

　　不曉得從什麼時候開始，迎新、送舊致詞時刻我常詞窮，然而上課時不是不曾講到神采飛舞。每逢開學，不敢說準備充分，但總會認真打理上課內容。年復一年，二十五個年頭過去了，曾經信以為真的、必要的，開始脫落。

　　不相信讀那麼多東西對學生真的有幫助，更相信與其囫圇吞棗，不如細細品嘗。追趕新的研究成果的心放緩下來，有些文獻一用再用，因為越來越相信經典是經得起時間考驗。

　　在這位置久了，心裡知道上課要唬學生並不太難。但是人生不是演講比賽，就算比賽得第一又如何？

　　成人教育研究所的學生來自四面八方，年齡分布從二十多歲到六、七十歲都有，這讓教學變得很有趣，另方面也很有挑戰。教的內容要既深又廣，要能連結到學生們各自所關心的，又成為大家共同探究的課題，莫非是原則性和本質性的層次，這讓我顫抖。

　　好些學生出生在我大學畢業之後，他們成長的背景和我截然不同，終於體會到「代溝」二字是什麼。不必然是對立，是頓時發現不能理解彼此的思維或行事風格。曾經因為這樣師生兩敗俱傷。幸好後知後覺，學著弄清楚狀況，提醒自己別忙著發作，眼見不為憑！

　　眼見的不為憑，感受的更是一時。發現自己更需要時間思考與沉澱，才知道小時候背誦的「寸金難買寸光陰」是真理。飛過大半地球讀了學位，用了黃金歲月學習教書，永恆的功課是要教些什麼，才能讓學生真正受用，難怪我詞窮。

2019.9.28

大學教師的寒假日常

　　批改完作業，繳交學生成績，還沒喘一口氣，馬上收到學校郵件一鍵式通知：「XX 老師：提醒您，一一○學年第二學期尚有教學綱要未上傳，名單及課程名稱如下……」。怎麼可能？在短短一週之內！

　　每年寒假總是這般過：先是批改學生作業，接著口試學生論文（計畫），若遇到學生全擠到同一段時間，光批改學生論文就沒完沒了。之後，才有時間規劃下學期課程。

　　照理資深教師的我，早已累積相當的教學經驗，要規劃課程說起來並不困難。我也不會每學期大幅變動課程內容，只是多少藉教學之故，讀一些書更新知識、練練基本功。

　　學期當中，除了教學之外，還有許多雜事，如校內外服務、各種會議，以及學生事務等，若加上研究，滿滿的行程中，實在沒有縫隙可以多做開課主題內容的閱讀。因此，兩個學期中間的寒暑假就是個難得的機會。

　　寒假說長，其實並非如此，扣掉農曆年及前述的批改作業、學生論文口試等，日子去掉一大半。每學期開四門課，就算每門課微調六分之一（三週），加起來要讀的書也不在少數。先是要搜尋新的文獻，找到適當的文章進一步閱讀，然而並非每一篇文章都適合放在課程當中，因此到底要閱讀多少？還是要讓寒假泡湯？

　　就算文獻都找齊全，接著還是要思考一下，怎麼設計較為恰當。通常我會依據上次的教學經驗，如學生的反應，重新調整主題內容的順序並設計教學方法。這才真正輪到著手修正教學綱要。

　　從修正教學綱要到上傳數位平台又是另外一回事。這些年教材數位化已經是普遍的作法，下載期刊論文、數位化單篇文章，乃至設定網站文本和影音資料的超連結等都需要功夫，教學綱要絕對不是按一個鍵就能上傳的。

2022.1.27

囈語研究室味道

　　三道鎖一一打開，啊，這就是研究室的味道[1]！其實，裡面陳設簡單，辦公桌兩張、電腦桌一張三把椅子、二台電腦，除了幾個小飾品外，佔據視線最多的莫非是整面牆的書櫃，以及那兩個檔案櫃。這需要三道鎖嗎？兢兢業業二十多年難道不是寶？

　　鎖住的是個承諾，對自己、對學生、對學校，還有對高等教育和成人教育。一踏入，身上的毛細孔瞬間張開，彷彿宿命般（或許也是自我催眠）不須喊話，自動閱讀文章、批改論文，並設想教學、研究及服務種種，而且有條不紊地將檔案資料歸類。那是一個充滿訊息的空間，告訴我大學教授當如此。

　　是的，二十多年來，我經常埋首於其中，幾乎相信那就是全部。只是有一天赫然發現，室外也很吸引人。這怎麼發生的？還不完全清楚，不過這可能是個悖論——極度承諾下的產物。

　　話說正因為承諾，我早早知道教育的侷限性，不管是在學校圍牆內外，使不上力的時候愈來愈多。每年到這時候，過往課堂中學生的表情浮現，總是想拿掉哪些元素、增加哪些東西，讓課程可以更貼近理想？成人教育領域多元且寬廣，「成為怎樣的人」一直是我的核心關懷。經歷了這些年，孔子的六十而耳順拼命在我耳邊喊話，渴望成為一個統整的個體，並且要靜靜地聽、順順地受，似乎不大可能做到，自己如此、學生亦然。

1　一併分享，我仿〈陋室銘〉的打油詩：
　「研究室不需大，有桌椅則行；書籍檔案不需多，有網路則搞定。此是秘境，惟吾閒情。走廊上空蕩，白光入冷清；手機傳簡訊，往來意紛紛。閉門勤拂拭，調心情；無時論之亂耳，無上課之壓力。難比劉公之陋室，堪為何氏之二窟。古人云：就少一窟。」（2022.2.16）

　　讀了一輩子的教科書，某些路沒走過就是無法體會，我決定先成就自己。因此，近年來研究室經常閉門深鎖，我花更多的精力梳理過往的經驗；好好吃、好好睡、該運動時就起身、想畫畫時端出畫具、不忘學佛，並經常凝視草木和蒼穹的變化。

　　8 月了，還是會想念研究室的氣味，因為 9 月就要開學了，一點也不能馬虎；教育工作如同每一天的烹煮，回到根本區分主副、柴米油鹽醬醋茶各自定位、隨緣增減食材，靜靜地備料、順順地料理，總會煮出可口的味道，我如是自我期許。

2022.8.7

課程設計與教學理念

教學不只是技術

　　在教與學當中產生關連性與意義感是很重要的，關係到學習能否持續下去的動機，但是書本上的概念／理論往往既抽象且看似與現實世界無關，讀來索然無味，這時就需要借用一些材料的幫助。我是具體思考者，透過生活中的東西／事物往往可以啟發我對於抽象概念的認識，這也讓我在教學中大量使用隨手可見的東西，譬如隨身攜帶的保溫杯。

　　在講述「非學習」（non-learning）的內涵時，我常會問學生：「眼前這個杯子蓋住時，水倒得進去嗎？」學生答說：「當然水無法倒進去。」接著我會問：「如果我掀開蓋子，但是杯子裡有紅墨水，杯子裡的水是什麼顏色？」學生回說：「紅色。」我還會繼續問：「如果這杯子有漏洞，倒進去的水會怎樣？」學生會沒好氣地說：「流光光。」沒錯，這就是非學習。

　　由此可知，英國學者賈維斯（P. Jarvis）的學習理論中的非學習，含括拒絕（rejection）、假設（assumption），以及不假思索（non-consideration）其實不難懂，更可會通到課堂上學生打瞌睡、胸有成竹，以及耳邊風的狀態，遇到時順便做一點機會教育。

　　這只保溫杯用了許多年，花色雖然模糊不過仍堪用。若談到建構主義，我還是會以它為例，問學生：「看到什麼？」學生會說：「鋼杯、褪色的杯子。」繼續問：「如果插上一朵花或一枝筆，它會變成什麼？」這下學生變聰明，答案可能是「花瓶、筆筒、藝術品。」再重新問一次，答案變得五花八門，譬如：

「圓形的筒子、斑駁的藍色色塊，或金屬與塑膠的組合」等，這就開啟了建構主義的大門。

　　進一步還可與學生討論他們看事情的框架（meaning scheme），有人看局部、有人看整體；有人著眼於形狀、有人被顏色所吸引。從這裡引伸到美國學者馬濟洛（J. Mezirow）的觀點轉化學習理論，亦即主導個人對事情的看法背後的意義框架，及由許多意義框架組成的意義觀點，以及它們如何轉化。

　　誠如前幾天與學生分享到：「教學不僅是技術還是藝術」，沒想到三十多年前我入教育研究所的考題之一：「教學是技術還是藝術，試申論之」一直縈繞在心上。嫻熟主題內容當然是基本功，不過更不能忽略教學現場學生的特性和需求、各種情境脈絡，以及教師對於自我的認識與期許。這種種因素交織出一幅幅教與學的畫面，怎能用技術一詞所衡量？很高興凝視多年的保溫杯為我的答題做了一點補充。

2022.4.23

因緣和合，教學始相長

　　每次走過臺灣師大進修推廣學院前，目光總會被「師大·大獅」[1] 這件作品所吸引。一頭獅王，不見獅身，彷彿剛要從後面的博愛樓現身而出。獅王雙眼凝視著眼前的棋盤，棋格內鐫刻著許多大師的名字，如：梁實秋、吳大猷及馬白水先生等。

　　仔細閱讀作品說明，才知這作品用諧音寓意方式與臺師大「師大、大師」傳承的宗旨相互呼應，棋盤具有「窮神變、測幽微」的智慧內涵。期許師大人能以智慧步步為「贏」，棋盤上呈現歷年來師大大師級學者名字，作為師大人的精神典範與學習目標。讀了以上的說明，不禁對校方用獅王帶獅子兒的用心起了敬佩之意。

　　反觀國內儘管偏重「智育」的教育一直為人所詬病，但是似乎也不重視究竟如何引導學子產生「智慧」。不過，老實說關於「智慧」是什麼？我一直也不甚清楚。直到讀了《菩提道次第廣論》[2] 後，才學到「慧謂於所觀事能揀擇法」（頁323），亦即，智慧是指對事情知道如何做最佳的判斷。

　　回頭看自己智慧不足，常常是聰明反被聰明誤，知道了一點，就以為懂了或會了。殊不知用在現實的生活當中，卻往往將自己弄到灰頭土臉。舉例來說，「直道而行」是我經常對應事情的方式。以為自己「對事不對人」，喜歡跟人家爭辯，弄

1　「師大·大獅」創作者為96學年度美術系「公共藝術與環境設計」課師生，指導老師為林正仁教授。
2　宗喀巴大師造論；法尊法師漢譯（1998）。**菩提道次第廣論**。台北：福智之聲出版社。

到儘管對方口頭辯輸了，事情仍在原地踏步，反而失去了可以影響他人或改變情況的機會。想想人與事其實是相互為用的，自己原先的想法與作為，除了「愚痴」二字，還真的不知道如何形容。

為了學習做正確的判斷，我策勵自己要觀待「緣起」，亦即關注事情發生的來龍去脈及各種條件或狀態。用在師生關係上，「因緣和合」於是成為我的教學信念。《般若經》上說：「兩不和合不獲教授」，學生如同因或種子，教師則是緣或陽光、水、空氣，各負各的責任，相輔相成，教學始成。過猶不及，教師不能把種子淹沒到爛掉，或讓種子乾枯飢渴。同樣地，學生自己要努力吸收教師提供的各種養分，才能健全地發芽成長。

進一步，恩師上日下常老和尚的「質正、量圓、次第無誤」觀念，在教學中更成為重要的支撐。設法教授學生正確、清楚且完整的知識，並且注意到學生的特性。雖然我仍做不到上述的境地，但至少將之放在心上，不再那麼心急。觀察著學生的緣起，感恩他們出招讓我學習如何做較佳的判斷，更感恩老和尚的教導。印證了因緣和合始能教學相長，愈加肯定不管是下教育這盤棋或者人生大棋，既然自許為獅子兒就該要有這樣的體認。

2015.8.13

對於計畫本位學習的期許

　　長久以來學校教育的優點在於提供關於某個主題的系統化學習機會，然而也因為這樣，稍不留意，學習就會被切割成一個個科目。一兩個學期下來，如果學習者不自己做一些學科之間的串連和統整，常會覺得見樹不見林。尤有甚者，高度抽象化的知識（套裝知識），常會造成學習者的錯覺，以為那是與日常生活無涉，甚至挫折學習者，懷疑自己的經驗是否足以構成知識。

　　成人教育探討的主題通常是超越傳統學校教育的圍牆，然而做為一個高等教育的學門，它卻又被框限在學校教育的架構當中。用學校教育的思維邏輯去架構科目，於是會產生諸如學分與學期時程的切割，成人教育所欲彰顯的成人學習的統整性和延續性就很難出現。

　　再者，就群體的角度而言，成人教育研究實在無法離開社會發展的脈絡。教育不言自明地需要有個場域。成人教育的場域海闊天空，不僅指含括學校的教室、圖書館，更在家庭、社區、工作職場，乃至組織參與當中。離開了這些，探究成人教育是空洞的、不切實際的，且是不足的。

　　我一向相信知識是在理論與實務相互辯證中而成。這些年的教學、研究與社會服務經驗，更讓我對於原生性知識產生極大的關注。尤其是這兩三年來，在與一些實務工作者接觸過程中，深深地感受到他們的作為，只要做一些整理、反芻都能與套裝知識做一對話，可能產生的力量，包括原生性知識的創發和對於實務工作的改進與提升，都是不可限量的。

　　因此，這學期我找到了一點理論基礎：計畫本位學習

（project-based learning），活化我在成人教育研究所的教學，讓套裝知識能與個體的經驗及社會情境脈絡有所對話。期待有次第地引發成教所學生個人學習內在的關連，構築科目與科目之間的連結，及其與社區／社會相互看見的互動關係。可以想見在這過程中，我將有諸多待學習之處。不過，想到學生們的實力將在這樣的計畫本位學習當中茁壯，原生性知識的創發與實踐，以及研究所課程與教學的突破，就讓我心生歡喜，接下來就靠大家共同的努力了。

2006.9.23

讀對的書

　　這幾年我的課程綱要書單越來越短。比起多年前初到高雄師大教書，書單不但短了一半以上，而且所含括的英文書單也明顯減少。回顧這段歷程，看到自己所所嚮往的成人教育方向的轉移，其中有著諸多反省與調整，因為這段路必然是與學生們一起前行的。

為何要與世界齊舞？

　　猶記得十五年前每門課開出的書單好長好長，幾乎都是英文，每天回到家埋頭苦讀，學生讀一篇，老師要讀兩、三篇；學生苦不堪言，老師除了苦之外，近視更加深。那時，我訂了好幾種國外的期刊雜誌，並且在成人教育雙月刊撰寫新書介紹，幾乎上課的教材就是當前美國成人教育研究所用的材料。有一段時間我很自豪，本所學生研讀的教材與先進國家並駕齊驅，絕不落伍。

　　現在回想，那真是一段吃力不討好的歲月，成人教育原本就是鑲嵌在各該社會文化脈絡之下，讀了歐美國家教育趨勢，美其名說是他山之石可以攻錯，相對地也沒有氣力去了解本國之石長得怎麼樣，最怕是腦袋被殖民了還不自知。當然，即使是此刻，也同意臺灣不能置自外於世界發展脈動，然而就算知道了國際趨勢，臺灣成人教育該往哪裡走？恐怕不是長長的英文書單可以解答。還有，新的就比較好嗎？老實講，那時我腦袋沒想這麼多。

　　三民主義課本中有句話：「迎頭趕上世界潮流」，想想就

是這句話讓我中毒頗深。姑不論真正有創意的人是「創造」潮流，而非「趕上」潮流，古有名訓，能夠傳諸久遠、藏諸名山的論述，必然具有一定深度，更是經得起時代的考驗者。在這資訊的時代，拼湊寫出的文章多如牛毛，然而要能不被淘汰者則不容易。再者，一味追逐新的東西，常會讓自己在不知不覺當中，養成一種隨趨勢轉的習慣，其背後受某種「新」即是「進步」的錯誤見解左右。更讓人警惕的是，一旦養成囫圇吞棗的閱讀習慣，淺碟式的思考將如影隨形，成為自己這一生的伴侶，那又多划不來。

還有，最根本的是問題在於：追逐「世界潮流」能否帶領我們離開痛苦，找到快樂？看看人類物質文明的副作用，諸如地球暖化現象，只能說人類自作自受，不斷在演一齣齣繞遠路的戲碼，社會學家還要費力地用所謂「風險社會」的理論去解釋之。如果潮流如此，跟上隊伍反而是落伍，不如不要跟上來得有保障。所以，更重要的問題在於：我們研讀的書籍是否能啟發我們觀察與覺照到整體，或者具體而微地讓我們有明確而長遠的下手處，去從事該做的事情，以扭轉傾頹的（成人）教育事業？想到這裡，腦海突然現起一群魔亂舞的景象，心裡不禁捏了把冷汗。

非聖書、屏勿視、蔽聰明、壞心智

這幾年也算不愧對這份工作，花了很多時間讀書，但是有些書讀了一次之後，就不會想再讀。還有我也發現：會讓我想反覆閱讀的書籍，大部分都不是教科書，而是某個主題的專書。因為相較之下，教科書通常內容廣泛卻不深入。條列式的敘述，看不出推演的邏輯和中心思考；淺白的解答，看不出對於事情

複雜度的理解，讀完總覺得啟發有限，當作工具書當然是不錯的，然也僅止於如此。回到前述的思維，我越來越常的提問變成：哪些書籍更值得閱讀？才能真正讓我和學生們找到比較究竟的離苦得樂之道？退一步，如果成教所不保證找到工作，是否能培養寬廣格局的生命品質？

　　逐漸地，我在教學綱要中暗暗地加入了一些書單。通常是用「書籍評介」的位置切入，要求學生閱讀，將之當作期中報告的一部分，反正不妨礙上課進度，對學生生命有啟發才是重點。早期的那些書有一大部分是關於臺灣這塊土地的，如：《阿媽的故事》和《女農討山誌》。後來加入了一些桂冠的當代思潮文庫書籍，如：《非學校化社會》和《民主化社會中教育的衝突》。還有，我很喜歡《一座小行星的新飲食方式》和《窮人的銀行家》。逐漸地我發現：這些書共同的特質是它們為人類所帶來的希望，一種從混亂／變動的現實中會浮現的堅持，是種對於人性至高品質的嚮往。讀過之後，每每讓我雀躍不已。

　　於是，我開始搜尋一些比較能夠帶領我們超越當前惡劣生存環境，進入深層思考，理解生存的本質或者教育實相的書籍／文章，用來取代原來有的教材。譬如：去年開始，我在「成人學習研究」課程中納入三位諾貝爾和平獎的傳記：史懷哲、達賴喇嘛十四世和尤弩斯；更引進通俗的文章，如：〈學習：在不可能的地方得到智慧〉[1] 做為教材。還有，在數位教學平台補充教學資料變成一件很重要的事情，只因深怕上課對學生的生命沒有啟發，很高興學生們的附和，找來王汎森院士的〈如

1　葛立利夫，巴瑞（2000）。學習：在不可能的地方得到智慧。**人生的 9 個學分**（頁 73-95）。台北：大塊文化。

果讓我重做一次研究生〉文章，讓我們的課堂增加一些向上的支撐力量。

　　讀「對」的書，甚於讀多書。很遺憾我這輩子讀過非常多的書，然而也忘掉很多很多。回頭看，哪些書對我有影響？或者自問：我曾常常、偶爾，乃至放到最低標準，每年翻出來讀一讀？真的很少、很少。（景仰張光甫老師每年教師節重讀一遍《論語》！）我或許讀過一點中華文化基本教材，但是聖人的教訓在我心海是不夠深刻的。在此情況下，每當遇到問題時，我能拿出什麼解決方法？當然是立即的反應！至於會不會有先人的智慧？大部分時候沒有。

　　前一陣子開始背誦《弟子規》，有趣的事情發生了。莽撞的我走路常常撞到桌角，腦海中竟然立即現起：「寬轉彎、勿觸稜」，我心一震，這不是我需要學習的嗎？行筆至此，我更加體會《弟子規》最後一句話：「非聖書、屏勿視、蔽聰明、壞心智、勿自暴、勿自棄、聖與賢、可馴致」，那個境界是我與學生們所需要學習的。真是所謂書不必讀多，書單可以短，然而內涵絕對要深；至於與誰起舞？當然是和聖與賢，因為跟上聖人的隊伍，自然不會落伍。

2008.10.11

什麼叫做好作業？

　　這幾年改作業，越來越痛苦，原本不給研究生考試的我，兩年前開始考期中考了；原本為培養合作學習能力的小組作業也盡量減少。為讓學生有機會鍛鍊基本的研究能力，我總會設計諸如個案或機構訪談的作業，但當這類作業也可以胡亂矇過時，我不知道下一步我要怎麼辦，才能夠幫助學生學習？

為什麼開始考期中考？

　　話說那一年，我給某班的期末作業是小組機構探究。記得很清楚，期末時在課堂口頭報告中，A組宣稱訪談了機構的負責人，事實上該組根本沒有見過那位負責人，資料全部不曉得抄自哪裡；B組作業看起來訪談內容豐富，然而那些資料卻是他們前一學期上另外一堂課的作業，原封不動繳到我的課堂；C組則宣稱找不到負責人，所以從網頁資料剪輯成為作業。

　　在課堂中，我詢問A組和B組同學，他們說謊神色自若。該班只分四組，換句話說，最初僅有一組老實地完成作業。還好，C組最後在我的介紹下，補訪談了機構的負責人，也得到高分，因為至少是知恥近乎勇。那學期，我沒有當掉那些說謊的學生，但一直想怎樣幫助學生起碼學到一點東西？於是想到古老的考試，或許可以逼學生讀一點東西，讓他們對自己有所交代，還有不給學生製造說謊的機會。

小組作業是誰做的？

　　合作學習有諸多形式。一種是協力，大家一起做作業，小組成員每個人都經歷了同樣的歷程，如：一起閱讀討論、訪談或觀察等；另一種是分工，小組成員每個人分配部分的作業，最後

經過討論統整在一起。就學習成效而言，前者優於後者，當然投入的時間也多，得到的附加價值更多，包括學到人際互動、多重的觀點與作事方法。可是，無論怎麼說，合作學習就是沒有輪流做作業的道理，輪流做作業意味著什麼？輪流學習？由同學做作業，自己作壁上觀，平白消費了自己的生命。就像我常說的，要將上課變成一種生產性而非消費性的活動，想想一門課花了十八週，就換得二、三個學分，生命的價值真的如此淺薄嗎？

訪談作業也可以抄襲？

拜網際網絡發達之賜，只要在電腦輸入關鍵字，總會找到一堆資料。不知道學生是沒有分辨是非的能力，還是只會做剪貼的工作，現在常常收到作業，一看就是從網站上面下載而來的，文章邏輯不通、真假不分，來路不清、並且作者不明。尤有甚者，有學生還宣稱訪談作業是受訪者傳給他（她）的。

自從在成人教育研究所教書以來，每學期在教學綱要中，我總會列出七項評量標準：(1) 表達與組織的清晰度；(2) 實證資料和個人經驗的引用；(3) 概念分析與理解的深度；(4) 相關文獻的引用；(5) 理論與實證經驗、證據的統整性；(6) 報告撰寫格式的適當性，以及 (7) 在研究或教育及教學上意涵。這些標準雖然不見得適用在每一項作業當中，不過那是我對於研究生的期許。做得到與否是一件事情，然而期待學生能夠如此自我期許，因為那是研究生的權利（privilege），就像詩人總是想望戴上桂冠，有朝一日畢業時，能夠很自豪地說，我是有能力作研究的！

怎麼完成一份好的作業？

每個人就學目的不同，對於作業的期許不同，那是可以理

解的。一個學期多修幾門課，期末的時候常會忙到人仰馬翻，那也不難想像。不過，那不就是任何學習者都需要面對的功課？

作業蒙混過去，有學、沒學，老師或許不知道，但自己是很清楚的。更糟糕的是，從此養成一種自欺欺人的習慣；遇到困難，沒有培養出其他的解決能力，只好請人代筆、剪貼抄襲，一輩子都將在閃躲問題中度過，那又何其悲慘？

再者，當今社會現實競爭是激烈的，學位或許是找到工作的入門磚，但是它不保證我們會保住那工作；書到用時方恨少，卻是真實不虛的。當前教育改革高談「帶得走的能力」不只是針對中小學生，對於研究生一體適用。只要是專業工作者，都有一些基本能力是與時俱進，不隨主題和情境而轉的。就我而言，在過去的學習中，獲益最大的是養成自律的習慣，具有起碼的閱讀、溝通與邏輯思考能力。我常講有一種投資不會隨通貨膨脹而貶值，那就是投資在自己身上，那絕對是帶得走的。

最後，雖然期許學生畢業時，都能如詩人戴上桂冠那般榮耀，不過我也知道那是勉強不得的。人無信不立，因而起碼的下限是希望學生能養成自我負責的習慣，面對困難時不逃避。換句話說，如果做作業有困難，要提出來和我談，一起想辦法解決，而非用敷衍或抄襲的方式去完成它。

做任何事，包括寫作業，都是從跨越眼前的一步開始，所謂「登高必自卑，行遠必自邇」、「積少成多，積沙成塔」就是這個道理。眼前的小苦，換來以後的快樂是值得的。設計出好的作業是我的功課，殷重地完成作業是學生的功課，唯有師生在這兩端協同的努力，才能共構出教與學的良善循環，喪失任一端都是個損失。與學生共勉！

2008.7.10

讓教與學變有感

　　作業是教學過程中重要的一環。我常常跟學生說：寫作業不是用來給我打分數用的，它本身就是教學的一部分。當然我會進一步解釋我主要採用形成性評量而不是總結性評量。

　　我也會提醒學生學習是個人的事情，同學之間相互合作的重要性，課堂中所有的報告是為了分享而非發表，重點不在個人的表現而在激發大家的討論。甚至，如果學生想要有好的分數，沒問題，私下來找我，我會依照這位學生的情況，給予額外的作業，以滿足他／她的需求，並完成我的期許。

　　在上述理念下，如何設計作業成為我教學的關鍵。當然作業必須緊密地與課堂學習的主題結合在一起，以達成教學目標。作法上，通常我會讓學生將作業初稿在課堂做口頭報告，如果人多的話則徵詢有意願者分享。如此一來，該作業就成為教材的一部分，可了解學生的問題所在並適時地給予回饋。

　　如果學生執行作業中需要一些輔助技能和工具，那就先教導，譬如基本的資訊素養；使用問題導向學習表單，從已知的事實，找出假設、探究的議題，進而擬定行動策略，以及使用KJ法協助收斂腦力激盪後龐雜的資訊等。

　　真正說來，如何協助學生建構學習內在的意義才是挑戰。這些年來我逐漸摸索出一些方式，譬如在「非營利組織和社會企業研究」課程中，我將學生的非營利組織個案探究作業拆成三部分。先詢問學生：「你關心的議題能否透過非營利組織解決？哪些非營利組織關注你關心的議題？」以引起學生的動機。之後問：「設想你有十萬元捐贈給那些關注你關心的議題的某一個非營利組織，你要捐給哪一個組織？為什麼？」最後，才

要求學生：「介紹你要捐款的非營利組織的願景、使命、目標、大事記、工作方針、服務項目等。」以三個小子題結合課堂教學主題進度，循序漸進讓學生在有感且沒有壓力下完成。

在「成人識讀教育研究」課程中，為讓學生體會透過近用、理解、評價及應用資訊體會識讀的內涵及其增能的作用，作業是讓學生透過一段時間（如七週）的識讀歷程，以實作方式改善個人的健康問題。誠如巴西教育思想家弗雷勒（P. Freire）所言，沒有反思的行動是盲動，而沒有行動的反思則是空想。過程中，學生每週必須撰寫閱讀和實作的心得；透由觀察自身狀況的改變，調整對於問題的假設／理解，修正問題，進而改變其行動，啟動下一個識讀與行動的循環。

回顧上述，發覺自己受益匪淺。為了讓學生對學習有感，這些年我主動或被動地學習了諸多的知識與技能。我常想如果沒有這教學工作，我這麼宅的人——不看電視、經常不開手機，又不主動跟人聯絡，恐怕早已和這個世界脫節。教學促使我保持開放的態度並與世界產生連結，真是始料所未及。

2022.4.16

教與學中的隱喻練習

　　前兩天在課堂上我隨口問學生：「從這裡到臺北中正紀念堂怎樣才能到達？」學生回答：「搭高鐵，之後搭計程車。」我緊接著說：「還要走路，否則到不了。」全班哄堂大笑！那時我們正在研討終身教育／學習概念。高鐵就如同正規教育、計程車如同非正規教育、個人步行則是非正式學習活動，三者缺一不可。

　　教學時我經常用隱喻解釋各抽象概念。那天我還用了營養午餐、自助餐，及自己下廚煮食作為譬喻，說明三類終身學習管道與個人參與的關係。營養午餐是專家設計的，吃到後來會覺得單調乏味，因此會想去大飯店吃自助餐，可以有多樣化的選擇。自助餐雖說是大廚精心調製，還是不能全然地滿足我們的胃口，終究會想吃更貼近我們的食物，這時最好的解決之道就是自己下廚煮食。

　　上課時外面正好下著雨，順道我進一步以用傘為喻。傘要牢靠必須有傘骨支撐，每支傘骨如同終身學習的一個管道，如：繼續教育、回流教育、推廣教育、職場在職教育、遠距教育，及大規模開放式線上課程（磨課師，MOOCs）等，共同組成這把終身學習傘，每個人拿的傘雖然不同但終究必須自己撐，才能走過人生的風風雨雨，這就提到自我導向學習的重要性。

　　用譬喻方式教學是當年我在博士班時向成人教育哲學教授艾伯斯（J. Apps）博士學來的方法。隱喻是透由陳述一件可用以比較的事物來描述某件事情，讓我們很快地從已知進到未知的認知方式。多年來，我發現用熟知的事物為喻，很容易開啟學生的思考橋接到抽象的概念。

　　舉例來說，我曾經要學生「以教室內的一個東西為喻，於一分鐘之內提筆寫下該東西的特徵，說明自己是個怎樣的學習者」，「喇叭」、「投影機」或「保溫杯」等都曾經出現。在學生分享後，我總會進一步提問，協助學生釐清他們該物品特性與個人學習的關係。例如：「喇叭／投影機需要插電，電又是什麼？沒電時的狀況？又是誰將電源插上？」總之從釐清隱喻中，協助學生反思自身與所學的概念背後的假設和內涵。

　　當然，研討到教師的角色時，我也曾請學生用他們認識的我為例做一練習，曾經出現的答案有「必須有遙控器操作的冷氣」、「小時候那種上面寫著道德教訓的黑板」，以及「教室掛著的有十二個刻度的時鐘」，用時鐘比喻我的同學還將十二個刻度的內涵逐一寫下。聽到他們的答案，我會心一笑，知道怎樣調整自己。從具體世界出發，隱喻不僅協助我們有機會深刻理解抽象概念的內涵，更促進了師生相互的認識，真的是個不錯的練習。

2022.3.26

數位教與學

共織生命增上之網

共學網的誕生

2006 年夏天，我找人幫忙架設了一個互動式網站，取名「何青蓉共學網」，並以「從分享生命到共織生命增上之網」為副標題，除了因為體會網路科技對於當代世界的影響外，更源於深刻地體會到一群人一起學習的重要性；相信生命是可以相互成就的，營造良好的學習環境是教育工作者的責任。於是在這網站的「教學手札」欄中，我撰寫了〈為什麼使用網站討論〉一文，做了一點解釋，文末表達：「希望透過同學們的參與討論，培養大家另一種共學的技能、習慣，學習運用團隊的力量，整理、創造和轉化知識！」開啟了共學網之始。

共學網的內容

在這網站中，我為每一門課設了個「課程討論」區，搭配課程設計，要求學生將個人上課部分的學習心得與分組課堂記錄上網，作為課堂參與學習作業的一部分。為加強學生的學習，我設計了「推薦網站」區與「教學資源」區，隨著教學進度，陸續將相關網站和資料推薦給學生。

「好書推薦」係源於：長久以來，我希望學生可多讀一點相關書籍，然又排不進上課內容時，總是要求學生以選讀方式閱讀一些好書。這些年來，每學期閱讀學生的書籍評介，總會發現一些佳作。過去的作法是在成人教育研究所的網站上開一個欄位放

在裡面。當這網站成立後，我積極地思考如何提供學生更寬廣的視野，於是「好書推薦」當然成為共學網的重要元素。

「教學手札」與「非常廣告」是我平時個人教與學的一些反思與發現。前者不定期地刊載我的教學雜記；後者則是刊載一些我認為有益於學生開拓視野的見聞，不必然是我的文章。就這樣從去年 9 月開始，我展開了一場場自我學習和與學生對話的生命成長之旅。

回首來時路：看見自己

拜網路貯存資料功能之賜，這個網站記錄下整個學期學生和我的教與學互動過程，所以當期末有時間再度瀏覽一頁頁資料時，走過的路一幕幕現起。我看到有些主題是我始終關心的，貫穿了所有的課程，譬如：人如何與周圍環境建立共存共榮的關係？我不斷地思索眼前事情背後的真相是什麼？還有，教育工作者所為為何以及出路在哪裡？

例如，參加過 11 月間學生辦理的學術研討會之後，在〈「理論與實務的交會」擦出的片言片語〉的教學手札中，有感於對話與共存共榮的重要性。我寫下了以下的感言：

　　是的，我們需要謙卑地學習我們從所未知的道理、事物，但不需要因此喪失被折喪自信（我認為這是反教育的）。這讓我思考，為何我不是很喜歡許多會議用的「發表」（presentation）一詞。可以感受到，當過度強調「發表」一詞時，發表人有種亟欲表現自己的欲求，結果，往往是看不到自己、看不到對方，當然也沒有「聽話」或「對話」可言。

　　相當贊同 X 勤同學在會議中答覆 X 宜所言，消弭訪談者與被訪者的權力關係的關鍵在於學會怎麼聽人講話。人是社群的動物，想像沒有對話的世界，單向的傳達訊息，這樣的物種會進化到哪種程度？還沒進化，就因為不對等關係而相互廝殺了起來。那樣的代價對誰有好處？想想弗雷勒（P. Freire）的理論也沒那麼精深，對話的前提：愛、謙卑與信任，這是人類之所以能共存共榮的根本。小時候，我的父母就如是教我。

　　行筆至此，我們又何需焦慮書讀得不夠多、英文不夠好？更要焦慮的是我們不知道自己在掉書袋之餘的看不見──自己觀念上的盲點和思考上的習性。能夠破除這兩點，活水就進來了，學習不就是如此一步步開闊個人生命格局，共創美好未來的一件事嗎？聆聽與對話正是關鍵。

回首來時路：歡喜生命共同增上

　　這一路看見的不只是自己的成長，更歡喜學生們不拘主題，在課堂中與「課程討論」區中對我的想法給予回應，並且延伸出他們自己的討論，譬如：非營利組織課程的學生就找了更多的文章回應〈社區支持農業〉；經過同學和我在「非常廣告」上的呼籲，許多學生不僅去觀賞了《不願面對的真相》影片，更在課程討論區中熱烈討論全球溫暖化的現象。X 妤在〈全球暖化是道德問題〉一文寫道：

　　……全球暖化考驗考驗不只生態景觀、經濟成長、地理環境的劇烈變化，更是人類惻隱之心、道德良知的試煉，也值得你我利用機會教育，作為教育學生的好教材。

　　X章以〈為了明天，人類應正視環保議題〉為題回應，舉出常被討論的國際環保公約進一步加以做說明，包括《巴塞爾公約》、《全球氣候變遷綱要公約》及《京都議定書》、《生物多樣化公約》、《瀕臨絕種野生動植物國際貿易公約》，以及《維也納公約與蒙特婁議定書》等。之後，許多同學紛紛響應。

　　還有，學生們討論後更能各自找到相應的主題。譬如：X焜有感於現今環境下，教育資源的城鄉差距，乃從思摩特工作坊中摘錄〈傾聽心中孩子的聲音吧〉一文，激發大家對教育的省思。X章則以「教育是人類升沉的樞紐，身為教育人，加油吧！」為題予以回應。在同學們各種回應後，最後他們的討論落到 X 妤以下的一句話作為收尾：

> 　　生命的價值是什麼……我說：健康、快樂、認真過好每一天，扮演好自己的角色……哈哈！還有做孩子的朋友。

從心靈出發，看見希望

　　以上舉的例子是晚上文教事業經營碩士專班的學生的對話。雖說他們的課程是「非營利組織研究」，然而經過一學期，學生們內在的心靈世界在對話和討論中自然地呈現。誰說我們的教育是沒有希望的？它只是需要找對方向，被更用心地經營。如同我在〈教育需要新的派典〉教學手札中，對於博士班 X 娟問題：「為什麼涉及人類生存的基本問題卻不是我們討論的東西？」的回應，更愈加肯定：

> 　　我們需要的新的教育派典（paradigm）——以心靈為主，物質為輔的教育原理。教育的重心要讓師生認識事物

背後真相，體認共存共榮的道理。還有，解決人存在的問題之道，在於從個人的觀念和心靈面著手，除此之外，作用是有限的。

走在教育工作者這條路上，曾經我一度憤世嫉俗過，那年坐在全國教育會議門口嚎啕大哭的場景依稀。是的，現今我們的教育充滿了問題，撰寫文章批評、一味地指責制度出了問題是沒有用的。回到教育現場，人心如果沒有改變、宗旨沒有掌握，再好的制度也難以維持下去，我在從生命著手看見教育的一線希望！

2007.1.30

網際網路使用的弔詭

　　我成長於沒有網際網路時代。我的碩士論文是用手寫的，再送去打字行，用鉛字一個字、一個字撿起來，繕打而成。初去美國讀博士，寫一篇論文遇到三個困難，如何使麥金塔第一代電腦為其中之一。剛到大學任教時，還沒有網際網路，email是在 dos 下傳送。

　　有了網際網路之後，檢索資料變得非常方便，很開心，不用去圖書館檢索卡片，抄寫資料。然後，網路的資訊越來越多，我跟學生一樣，不知道什麼時候竟養成凡事上網找答案的習慣。甚至，上課上到一半，學生可以跟我說，老師你剛剛講的某一件事情，是不是這個？原來，上課的當下，學生已經上網找到相關的資訊。我一方面佩服學生的上網能力，然而一方面更激發我思考要如何與網際網路共處？

　　話說部落格開始萌芽時，我意識到可以善用它，作為與學生互動的平台，並設計了一個「何青蓉共學網」。經營多年之後，學校也設立了數位教學平台，因此逐漸地，我將重心轉到數位教學平台。共學網也因學校伺服器的移轉技術問題而放棄了。

　　網際網路和數位教學已經成為教師教學不可忽視的工具。這幾年研究室裡先是 DVD 影片越來越多，之後是上課直接連上某個網站做補充教學。後來發現，學生的報告中經常出現某些相同的資料，原來網路找到的資訊又快又方便——不用打字，直接剪貼，剽竊情況屢屢出現。

　　黃色小鴨到臺灣那年，從與學生互動當中發現：學生對於黃色小鴨的理解全部來自媒體，一味地接受「小鴨可愛、具有療癒效果」的邏輯，沒有對於洗浴的玩具小鴨如何成為海洋漂

流一員，之後被操作成商品的任何認識。那陣子我檢索網路資訊，找到更多的是各式各樣的黃色小鴨商品。

　　就這一兩年，社群媒體越來越多，而且彼此串連在一起。我的照片、我講的一句話，不小心會出現在路人甲的手機裡。網際網路世界中匿名性不再，我擔心我的隱私權。

　　話說回來，我好像不能因此從網際網路中退隱。因為網際網路的使用，已經不僅挑戰過去我們認為學生需要的核心能力，更因為上述的剽竊、缺乏資訊素養，乃至對於隱私權的問題，大大地挑戰教師專業。問題已經不只是資訊爆炸，而是如何善用這些網際網路媒體作為教學工具。因此，我決定重新出發，使用適當的網路科技作為教學工具。參與是為了變革，不是從眾，我如是自我期勉。

2015.2.8

將教材放回網路的大海

　　教書這麼多年，當學生還在放寒暑假時，我總會重新檢視過去使用的教材，添增新的教材，逐一影印編輯成冊，開學後提供給學生使用。這作法是在美國留學時學來的。開學時每一門課的教材很快到位，對學生來說，既方便又省事。最近這些年，學校使用數位教學平台，我更勤奮地蒐集各種補充材料，上傳平台提供學生使用。

　　直到前不久我讀到一部影片[1]，挑戰我上述的思維。那影片對比紙本世代與網路世代學習所需的核心能力；質問許多資訊科技溝通技能如：bookmarking, uploading, tagging, twittering, locating, searching, integrating, networking, linking 等在布魯姆（B. S. Bloom）的教育目標階層中的位置？

　　老實講將「twitter」加上「ing」著實嚇了我一跳。因為我從沒想過要使用它，當然也不知道它變成動名詞是什麼意思？然而，這只是其中一個例子。接著，那影片還提出許多我未曾想過，而網路世代可能面對的問題如：

1. 怎樣透過各式線上檢索引擎蒐集和討論資料？
2. 怎樣判斷可靠的資源使用？
3. 如何使用各式工具出版和評估作業？
4. 如何併用各式工具？

1　YouTube 影片《二十一世紀的教學》。

　　上述的提問，無疑地重重地敲了我一擊。熱心過頭，反而可能阻礙學生的學習！的確，要泅泳於網路大海是需要一些資訊素養的，我如何能繼續過去一頭熱的教材編輯方式？於是我決定試著將教材放回網路大海，讓學生自己泅泳去尋找。

2015.2.17

修磨課師課認識文化沃土

　　今年教師節我送自己一個禮物，花了三十九元美金，註冊修習台大和 Coursera 合開的磨課師課程（Massive Open Online Courses, MOOCS）：「孟子課」，總共七週。2012 年是全球磨課師元年，我國宣稱 2013 年是臺灣磨課師元年，就這兩、三年磨課師已經變成顯學。磨課師是最近國內外大學興起的大規模免費線上開放式課程，以五至十分鐘小單元的分段影片課程，在段落間配合即時線上討論與回饋、線上同儕合作學習與討論、虛擬線上實驗，及線上練習與評量等，學生可以依自己學習的速度安排學習進度。

　　重當學生的滋味很特殊，開始時有點興奮。聽黃俊傑教授的講演很享受，因為除了講說附有完整的大綱外，黃教授經常別出心裁用河洛語讀誦《孟子》的章節。並且，在每一單元結束前，輔以動畫摘要整堂課的重點。最後，還播放美妙的讚頌音樂作為結束。貼心的課程設計令人心儀。

　　每週撥出時間聽課，對我而言不是問題。然而逐漸地，當作業從選擇題變成簡答題，乃至申論題時，這門課負擔越來越重。若沒找資料來讀，作業是寫不下去的。說來我運氣不錯，指定的教科書分別在學校和高雄市立文化中心圖書館借到。將心比心，我想如果修課同學借不到書的話，他們要如何做作業？尤其，海峽對岸的同學如何克服這困難？再者，從線上討論隱約得知，有同學年紀大、教育程度不高，然渴望學習，並修了好幾門課。不禁為他們和磨課師按「讚」！

　　黃教授的作業題目總是扣緊時代脈絡，譬如，「孟子的王道、民本政治思想與二十一世紀的現代生活是否相容？」其實

是有一點挑戰性的。作業上傳之後，依照規定每次都要批改五份同學的作業。因為好奇心所使，我常常忍不住自動批改了第六、七份作業，結果竟然讀到海峽兩岸迥異的思維型態。對岸的同學對於民主政治和未來充滿了期待，相較之下，臺灣的同學（包括我自己）對於政治現實就有點悲觀。這就是政治社會環境的影響，不可不慎。

　　其實，修這門課最大的收穫是認識到，儒家採取聯繫性思維方式，從「個人」、「家庭」、「社會」、「國家」到「天下」一層層同心圓開展，將「個人」與「社會」視為一個連續體，前者是根本，後者是延伸。「個人」的道德主體性一旦建立起來，就可以帶動「社會」的轉變，內聖外王的理路就可以成立。

　　聯繫性思考方式反映在中國文化，在人性觀上強調情理交融；藝術觀上強調情景交融；政治思想上強調群己和諧；以及在自然中融入了人文的意義。經歷這番學習，終於比較懂，原來從小到大，我深受到這種思維方式所影響。能夠在這年紀重新認識自己生長的文化沃土，真的很美。

2015.12.20

心力與耐力的考驗

很開心大半年來為國立空中大學製作的教學節目終於殺青。過程中有好多的學習。撰寫腳本是其一，那可是心力與耐力的考驗。

首先是撰寫教材製作架構表。將教科書的一章分成兩講次各三十分鐘，每個講次又細分為三、四個單元，每個單元五至八分鐘。如此輕薄短小的設計是配合閱聽人的特性——無法長時間專注閱讀。然而，一篇文章如此切割後，如何不失完整性，變成一大考驗。

當初在我們撰寫的書中 [1]，每章的架構包含前言、理論、案例及結論。有些前言和結論很短，卻要獨立成一單元；案例原本是為呼應理論而來，卻要切分開來，各自獨立介紹。為此，前言成為引起動機的地方；結論則成為引導學生如何應用所學之處。還有，配合講說次第切割理論，譬如讓學生從具體的案例出發，之後才講理論等都是。

其次，以往在面對面的課堂中，我通常只是講授教材大要，在與學生的互動過程中自然地開展授課內容。但是在非同步網路教學中，情況截然不同。除了必須將書本上的內容做完整的講授，還要不斷地想像學生的反應和學習狀況，設法吸引學生持續閱讀。

為此，在教學媒體的呈現上，國立空大一開始就提供了諸多類型給我們選用，包括圖文網頁（簡報方式）和影音錄製等。進

1　李瑛、何青蓉、方灝璇、方雅慧、徐秀菊編著（2018）。**成人學習與教學**。新北市：國立空中大學。

一步，還可在其中插入短片、音樂、網站資料，乃至影音內評量等。影音錄製並可加上大綱文字、字卡，或找人助講和演示等。

在我製作的十一個講次當中，上述的方式我幾乎都使用了，因此腳本的撰寫過程非常繁複。每個單元除了講述的內容要口語化外，還要設想哪些大綱圖表或重點要出現在影片當中。光找尋適當的音樂和影片，標示確切的時間段落，就是一番功夫。雖然洽詢版權之事由國立空大去做，然而過程中曾經遇到無法取得版權，必須重新修正腳本和錄製該段落的情況。

為增加與學習者的互動性，我盡量在各單元中插入即時的影音內評量。當然，要出哪些題目也是需要花一些腦筋的。找人助講，透過問答的方式，導入實際的案例，會讓講述較為生動，不過事先的討論又須另費一番功夫。

撰寫腳本真的不是一件隨性的工作。過程中要同步調整架構表、腳本、影音評量、字卡、簡報檔，乃至提示卡等。有時檔案齊開，一修再修，頭就昏了，直接考驗我檔案分類的系統性。想想若沒這體驗，我還不知道撰寫腳本需要這麼多配搭功夫，非常感謝國立空大和教學團隊創造了這樣的學習機會！

2017.12.16

有團隊真好！

　　好不容易國立空大教學節目的腳本撰寫完成，到了節目錄製現場，彷彿從天上掉落人間。沒有經驗的我，即便躲在簡報背後錄音，一開口眼睛緊盯著螢幕文字，腳本早就在五里雲外。先不說忘詞卡住，光我這容易緊張的個性，若沒刻意提醒，越講越快。幾度自己都覺得很不好意思，自動要求重新錄製，卻見網製人員瑞賓安然自若地配合辦理，真的不勝感激。

　　好不容易熟悉了錄音，面對鏡頭又是另外一回事。攝影師偉哥不厭其煩地提醒我——放輕鬆、保持微笑、面對鏡頭。我常忍不住繃緊項頸，低頭看腳本，即便對著提示機唸稿還是本性難移。直到倒數第二天，在導播室倒帶看自己的畫面，似乎才領悟到怎樣的神情和速度是比較適當的。不過已經錄製了大半，算是用時間繳學費吧！

　　這次錄製節目多虧請來助講老師們，讓我偶爾鬆口氣，並可大方低頭看稿。當然，助講老師興致一來還是會脫稿演出。尚好平日與助講的亞美校長、雅慧、邦文及金玉等好友默契算夠，在有驚無險當中一一過關。

　　錄影棚內有三部攝影機，各自對著主講者、助講者及全場。錄影時當然不敢隨意亂看，只覺其中一部攝影機不時前後、上下、左右走動。有機會去導播室觀察，才知道阿傑掌鏡的攝影機，全在佳欣導播的指令下移動。不記得導播是怎麼說的，總之在他簡短的指令下，鏡頭迅速切換。不得不讓人佩服，導播一邊讀腳本，一邊專注面前諸多畫面，掌控全場。這才了解到原來腳本的作用不只用來提醒自己。

　　這次在國立空大錄製節目，平日不上妝的我乖乖配合，因

為預錄時見識到在敏銳的鏡頭下，我臉上的皺紋和老人斑畢露
無遺。在彧玲化妝師細心打理下，果然彷彿拾回年輕的容顏。
原本以為上妝一次就可以搞定，殊不知錄影中場，只見彧玲提
了化妝袋繼續來補妝，真的超敬業。

　　雖然節目錄製告一段落，可以想見，後續還有諸多技術工
作待進行。這才體會到製播每一分鐘的教學節目，都有賴一群
人的力量，認識的、不認識的夥伴，鎂光燈不會照到他們身上。
最後再次感謝國立空大媒體處的行政人員芳瑜、媒體委員滿玉
老師、同仁們，以及助講友人的協助，有團隊真好！

2017.12.22

慢工出細活

　　話說國立空大節目錄製完成，後製工作雖說要仰賴技術人員，但是講師群一點也沒閒著。審閱製作完成的媒體教材是一大工程。過程中必須集中精神，非常專注。因為教材出錯的方式常常令人想像不到。

　　教材中置入的「影音評量」放錯時間點、放錯單元。原本作為教師與學員互動的小小設計，非但無法產生複習與提醒的功用，反而變成雞同鴨講，讓人啼笑皆非。

　　簡報中講得不順，因為人躲在簡報畫面之後，聲音略作剪裁還算容易。簡報上有錯字一度讓我頗為煩惱。尚好技術上聲音和畫面可分離處理，換一張簡報即可，所以不需要重新錄製。

　　影音中講著講著，不小心卡住了，只要重點有帶到，因為有畫面的關係，不會覺得奇怪，但就怕畫面出現不該出現的東西。譬如，由於切換畫面的關係，在某單元中，助講老師的畫面邊角出現我持筆的干擾動作，筆尖或手指不小心露出一點點，看了真的很礙眼。因此，只好逐一註出時間點，勞煩技術人員再重新調整畫面。

　　除了講說的視覺畫面之外，大綱文字要呈現多少才恰當？這次錄製的版型大綱文字主要出現在畫面下面，學習者可以用下拉的方式，瀏覽大綱文字，但也因此太冗長的文字顯得拖泥帶水。有時候覺得呈現該單元的各小節標題即可；有時覺得討論題綱也很重要，甚至討論的重點才是根本。各個單元的作法是否要統一呢？審閱到後來，發現沒有定論，就各自發揮吧！

　　平台上放置的媒體教材必須次第井然，這就顯示錄製節目之初教材製作架構表的重要性。有些章節的確在一個單元無法

講授完成，必須分成數個單元，那時單元的切割和命名就很值得思考。依主題細分，或者用編號（一）、（二），我都用過。為首尾一致，審閱時甚至還重新為單元命名，商請媒體人員協助修改片頭畫面，真的一點也馬虎不得。

最後，教學平台上除了媒體教材，還要上傳教師個人資料及學習評量題目等。總之，填寫的資料不少，校對的功夫更不能省。這林林總總花費在校閱上的時間，應該至少是錄製時間的兩、三倍，更是教學時間的五、六倍以上吧！從初夏參與製作會議到冬末節目行即將推出，企盼暖意隨著團隊的認真製作，早日傳遞到每位學員的身上。慢工出細活，教與學皆然，這是我學到的。

2018.2.10

忙，落腳在數位裡！

　　這陣子挺忙的。先是忙著學習如何設置數位教學平台。學校的智慧大師數位平台版面設計呆板，只能透過學校的網頁進入，十多年以來，從生疏到習慣，也就這般用著。6月間，無意中知道 Google Classroom。試用了一下，發現它可以在網頁和行動裝置上使用。教材可以是附加檔案、雲端檔案上傳，YouTube 及網頁串聯等形式。二話不說，我決定換用它。

　　於是自己摸索，邊做邊學，發現 Classroom 不僅可與 Google 各種應用軟體搭配使用，課程公告會自動傳送到郵件，還在郵件中自動建立課程群組。更棒的是它又自動將課程行事曆整合進 Google 日曆。這下讓我決心將使用了一輩子的紙本行事曆改為電子版。

　　這一決定讓我更忙了。不單單是學習使用 Google 日曆，還因為使用學校的 Gmail 帳號設置 Classroom，同步產生的行事曆不是我常用的 Gmail 產生的。兩個日曆當然也要整合一下。另外，紙本行事曆好處是有記事本的功能，當然，又得進一步花了一些時間去比較各種記事本的 APPs。

　　問題來了，我的手機和平板分屬於 Android 和 iOS 系統，不禁設想如果有某個 APP 可兩邊同步處理記事的話，那該有多好？可知，接下來每天我同時打開手機、IPAD 和電腦，試東試西。果然，皇天不負苦心人，找到 Google Keep，像便利貼，很容易上手。更妙的是我還學會將網頁直接分享去 Keep，省去繕打各種待辦工作內容的時間。

　　瘋狂忙了一陣子，每天和網路相處，發現自己適應得不錯，我這數位時代的新移民終於可以落腳了。

2018.09.24

選讀英文媒體識讀課

去年 10 月底選戰方酣時，我修了一門「英文媒體識讀」（English for Media Literacy）課程。這是美國賓州大學在 Coursera 開設的一門磨課師（MOOC）課程，高雄師大英語系和美國在台協會合作推廣這門課。選修它一方面因為識讀是我研究的領域，另方面也因關注磨課師的發展情形。

修這門課之初，萬萬沒想到五個單元加起來共有五十八個影片、五十二篇閱讀材料，以及四十三個練習測驗，估計至少要花費二十三小時。一週接一週，壓力頗大。因為曾鼓勵幾位學生修習，面子問題，硬著頭皮起碼要上完。怕進度落後，過程中還曾經在高鐵上打開平板，見縫插針上線閱讀練習。

這門課共有五個主題單元，包括「媒體識讀導論（含如何分析媒體訊息）」、「媒體的種類（傳統和社交媒體）」、「廣告」、「媒體中的偏見」，及「多樣性與媒體」，同時配合進行英文教學。因此每個單元都有語言教學的重點，譬如：廣告單元教如何正確地使用各種形容詞的順序，以及一般性和強化性形容詞的用法等。著實學了許多過去未曾注意到的英文字詞用法和語句發音。

兩位授課教師非常專業，英語咬字清晰、速度適中；過程中搭配動畫、相關閱讀材料及其他講者，不讓人覺得枯燥。每項作業兼顧英文和媒體識讀學習，評分標準清晰。譬如，「比較傳統媒體與社交媒體」作業，規定作答時要使用幾個形容詞和比較語詞等。「媒體中的偏見」單元則要我們找一則媒體作分析。11 月滿腦子被選情佔據，分析了一篇評論政見「讓北漂族回家」的政論文章，嘗試找出文章中偏見的型態，如訊息遺

漏、訊息位置效應、言語誤導影響等。還真是學以致用，一點都不浪費。

　　回顧這段緊湊的學習，有點囫圇吞棗，尚未完全消化。其中兩個作業可選擇採影音或書面方式之一進行。不過，讀完八頁的影音錄製說明後，必須承認我有閱讀手冊和操作電腦障礙，還是決定用書面方式繳交。因此，還是沒學到如何操作 Coursera 的即時錄影。

　　此外，雖然完成修課的規定，但是每個單元附贈的學習材料，大概都僅匆匆進行一、兩小節的學習。想想有點浪費，選戰結束了、學期也將告一段落，因此這兩天我又進入這門課，重拾遺漏之處，希望好好享受自主學習的樂趣。

2019.1.6

教學過程點滴

從實習報告到論文寫作

　　學生撰寫文章中沒有人味、沒生命力，這幾年來越來越明顯。這屆碩二學生的實習報告，我全部退過一次，也教他們如何重寫，要他們將實習的體驗融入其中。不過，結果還是與理想有一段落差。猶記得在這次「理論與實務交會：2008 成人教育學術研討會」的第一天，第一個場次實習發表之後，我講了以下的這些話：

　　　　不知是受限於學術的語言，同學上台分享講述的比文字書面感人。臺灣需要更多有生命的故事分享，同學們要嘗試把這些生命經驗與書寫作融合，讓文字的書寫更有感染的力量。

　　言猶在耳，研討會結束前，X 君聽完夏老師對他們實習報告的評語：「看不見他們的身影和實習場域中人與人的互動」後，站起來說：實習報告的格式限制住了他們的寫作；可不可以不要有實習計畫目標？可不可以用不一樣的形式呈現實習報告？X 君的提問，一句句策發我思索，到底眼前上演的這事情的意涵為何？怎麼去理解它？還有，我們的功課在哪裡？

資訊氾濫的後遺症？

　　前幾天上課，博士班學生為我打抱不平，我們花了一些時間

釐清問題出在哪裡？我不覺得問題出在個別的學生身上。聯想起這幾年指導學生的痛苦歷程：好幾次在成人教育研究所 1401 會議室，指著外面的書櫃，告訴學生：不要再讀那些參差不齊的碩博士論文，因為經常出現抄襲（含轉引不註明出處），轉引的三、四、五手資料，還有上一段接不到下一段文章的顛三倒四。

這幾天，另外一件事情發生。因為我在課程評量規定中，要求學生上數位教學平台分享學習心得、提問或與同學討論，某班學生很努力配合，上傳文章分享給大家。我注意到，那些文章大部分都是網站上找到的資料，如：勵志小品、簡報檔和課程主題的延伸資訊。學生上傳資料後，鮮少發表自己的心得，彼此的討論更有限，最扯的是竟然有些上傳的檔案是重複的！

我看到學生被資訊滅頂，而我連帶遭殃。反問這是資訊氾濫惹的禍？回想自己成長於資訊不普及的時代，在求學過程中，老實地去圖書館研閱書報期刊，紮實地勤寫摘要，一步一步奠定了學習的基本功。因為沒有電腦，找的資料也不多，所以時間都花在閱讀與思考，而不是積累大量連自己都無法消化的資料。至此，似乎有必要澄清資訊（information）和知識（knowledge）的差別。簡單來說，凡是從網路、書本和各種管道取得的資訊，未經自己消化吸收者，都僅能稱之為資訊。知識則指經過整理之後，對事與物之了解；通常被界定為「已經圓成其說的真信念」（justified true belief），這個定義中包括「圓滿的認知」，其中即含「真」的意思；同時認知中又含有「完善周備」的意思。認知是就廣泛的意識作用而言；信念則與「意見」有別，是對意見堅持不二；然後知識指「所知的」，包括「知

道是什麼」和「知道為什麼」[1]。正好提醒我們資訊是必須經過處理的，光是轉引、抄襲不足以成知識，所以問題還是在我們如何使用資訊。

誰是壓迫者？

真的很不願意變成壓迫者，讓學生只是為配合我的作業，沒有感覺地參與。更不願意成為被壓迫者，老是要閱讀那些沒有生命力、剪刀糨糊製造出來的論文。所以，在此要重提一次，十多年來在我每一門課的教學大綱，總是不厭其凡地列出七項評量標準。每學期上課的第一天，我總會告訴學生，那是我對於研究生的期許。雖說有格式不能成就好的論文？沒有規矩不足以成方圓，好的論文不僅是有骨且有肉，而且有目標。

我嘗試解讀為何目標和規矩會變成障礙？這事情如何被誤解？不得不承認，作為老師，每週二、三小時的課程，我的影響力不會超過電視、媒體、同儕，還有一年年被製造出來的，成千上百篇面貌模糊的碩博士論文。只能說學生讀了太多套裝式的論文，就是那些由數字與資料堆疊而成，抽離了個體的生命經驗的論文。然後，在不假思索、相互模仿之中走進沒有生命力的死胡同——壓迫自己和老師。那是在大的急就章的學術文化潛移默化下自動歸位的結果。沒有範本引導、對於好的學術論文樣貌有所誤解，加上沒有自信，又不知道如何清楚地表達自己，就變成這樣。

記得曾經在指導某位學生時，我常勸他：為何要讓自己成

1　引自國家教育研究院樂詞網。

為受壓迫者？如果好不容易讀了研究所，卻變得更沒有信心，我會鼓勵學生們趁早離開學校，那不應該是教育的結果。就終身學習的觀點來看，信心是跟著一輩子的，文憑很容易過時。

怎樣清楚地表達自己的想法？

不要成為受壓迫者，但是也不要壓迫別人。「只要我喜歡，有什麼不可以？」這一代年輕人被這句話害得很慘。表達自己的想法與情感不是用喊的，就算是，喊出來的僅是情緒，深刻的內在認知和情感反而沒有沈澱與昇華的機會。透過書寫不斷地釐清見聞覺知是一種很好練習表達的歷程。

不管寫什麼文章，總是有起、承、轉、合四個步驟。論文的第一章緣起，談研究的背景和動機和重要性，就是「起」。「承」就是延伸，接續第一章，讓論述開展得更有脈絡可循、更寬廣而深邃。所以，在許多實徵研究中，第二章為文獻探討，第三章為研究方法，前者交代理論基礎，後者交代研究將如何進行。第四章常常是分析與討論，就是「轉」，將前面的論述在這裡與實徵資料相互比較分析，滾動出論文的深度。進一步提煉論文的精髓，自然產生結論與建議，也就是「合」的意思。

上述的論文格式，骨架如此，但不意味著每個篇章長度一樣，或者下的標題一定如前所述。有些論文，可能濃縮前面三個部分成為一個章節，擴大第四部分，成為許多章節。許多從事質性研究的人，喜歡將各章節的標題換成能彰顯各該章節內涵者，以取代諸如：「分析與討論」那種功能性的書寫，那當然很好。不過，若過度強調「肉」，失卻了「骨」，變成十足的以文害意，那又掉入另外一個死胡同。

要清楚表達自己，除了必須有清晰的脈絡外，還要有深刻

的內涵作為支撐。那絕對需要一再的學習。有意義的學習必然經過「聽聞、思惟、觀察、抉擇與踐行」等歷程。處於當前速食文化下，急求果報，不向典範學習，只相信自己，究竟什麼被壓迫了？看事情的角度被壓迫了、時間觀被壓迫了，還有生命的格局被壓迫了。

　　一場演講好似呼喚到自己心聲，抱怨於是就爆炸開來。隨喜 X 君認真聽講，覺察論文可以有不同的面貌。然而下一步，是否有力量重新定位自己，那才是真的考驗。

2008.12.18

論文指導聚焦於學生

完成這學期最後一場論文口試了。指導論文一直是我的功課，和指導的學生近身的接觸，當中有許多情緒問題，源於對學生們老是搞不懂我說的話。今天我突然懂了一點點。我常說：撰寫論文就像演出一齣舞台劇，善用探照燈，聚焦！

舞台上的各種人物和道具，就如同研究過程中所蒐集的資料。蒐集的資料要解決什麼問題？就是讓論文的主題呈現出來；如同將探照燈打在舞台的某一個角落，其他的部分自然褪去成為背景。

上述的話聽起來有點道理（至少我認為如此），但做起來似乎不大容易。今天我突然用了另外一個更簡單的比喻──如同做菜。材料都有了，但要炒成怎樣的味道呢？沒有下過廚房的人，連切菜都不知道如何切，也不知道先放調味料，或放主要的食材，更別談對於最後餐點味道的想像。

這一切都需要經驗，加上判斷。一下子要學習研究方法，又要深入主題內容，初學者難免手忙腳亂。相對地，老師們歷經多年反覆琢磨，對於研究這檔事，如同老練的廚師和導演，是有些內隱的知識或思維的路徑，不是食譜或教科書所能述清楚的。

我花了二十多年沈浸在研究當中，所發展出來對於論文寫作的認識，是學生們僅用兩、三年，乃至五、六年，所難以體會的。至此，突然對我的學生產生很大的同理心。看清楚這點，放下情緒，肯定這場論文指導之旅，理解學生的下腳處，是我可以做且應當做的。

2017.7.31

在大樹鄉看見互利共生

天高氣爽帶學生去高雄縣大樹鄉拜訪瓦窯文化協會、大樹文史文化協會和舊鐵橋協會，並參訪水安社區與龍目社區。一行二十七人抵達時，展開在眼前的是舊鐵橋周邊濕地公園一片綠意。相較於遊覽車的冷氣，外面的溫暖讓人自在多了。在茂成的帶領下跨過拱橋，瓦窯協會的總監美惠大姊笑臉迎來，沒料到的是一群身著制服的水安社區媽媽們燒好鳳梨水，等在三和瓦窯廠入門處迎接我們。

首先，映入眼簾的是外觀和裡面都顯得陳舊的廠區建築，屋頂是竹子搭出來的，中間部分雖高，然四周屋簷皆低，是為了陰乾生胚瓦片，調節空氣流動之用。這個廠區已經有一百二十多年歷史，用最古老的窯燒生產磚瓦。在文史協會的林總幹事解說下，我們逐一理解磚瓦的製程。

過程中總幹事不斷地以提問方式激發大家思考。譬如：為何生胚陰乾的瓦片堆疊在一起不會變形，始終弧度一樣？為何有的磚燒出來是紅色，有的卻是黑色？擺在眼前的各種形狀的花窗磚代表的內涵為何？並且引領我們進入臺灣碩果僅存的龜窯中，實地了解窯燒工作的歷程。溫度的控制是先用柴火，後用稻穀；一個龜窯可燒三十多萬片瓦，堆疊瓦本身就有學問，沒堆好，整個窯可能就會燒製失敗。這樣一個窯要燒三、四個月才會完成。

為了讓我們了解「瓦」的文化內涵，水安社區的媽媽演了一齣戲，呈現傳統習俗中結婚踏瓦的意涵：「瓦破人不破⋯⋯（臺語）」。上午的解說在大家學習如何以最適的方式，排列一個個小磚形成骨牌效應的遊戲中告一段落。走出廠區，總幹事不

忘解說廠房的入口意象，碩大的龍舌蘭代表火焰持續旺燒，碎石蜿蜒則象徵了持續不斷的薪火相承。

　　中午，我們在舊鐵橋協會享用協會運用多元就業方案經營餐廳的美食，同時聆聽協會的黃先生介紹舊鐵橋與濕地的今昔。無法想像這人工溼地原先是工業與家庭廢水形成的惡臭之地，透由在地人篳路藍縷、掩面整地、收拾垃圾而有今日的生機盎然。生態的多樣性帶來的不僅是鳥叫蟲鳴，還有關心濕地的朋友，譬如鳥會的朋友及其帶來關於鳥類的知識。

　　下午，在兩個協會及水安社區媽媽們的帶領下，我們驅車去水安與龍目社區。水安社區的入口意象是一幅居民共同拼貼出的「歡迎蒞臨水安社區」的牆面。那面牆是用碎瓦片和傳統廟宇使用的剪黏瓷拼出來的。理事長熱情地向大家介紹居民參與的感人故事，亮麗的牆面流露出居民共同的願力。水安社區將他們的經驗帶給隔壁的龍目社區。在龍目社區我們除了欣賞瓦片拼貼作品外，走過乾淨的街道，廟前大樹下長者在聊天，一邊設有社區資源回收處、巡守隊的車子停放一旁，感受到一股安全與寧靜，不是都市的繁榮可比擬。

　　最後，我們去了木炭窯。下了車，空氣中泛著小時候燒炭的味道。學生問我，燒炭是否製造空氣汙染？我無法給她好的答案，不過聽林總幹事說，傳統的木炭窯也因此受到很大的抨擊，故一家家沒落了。不過這家工廠有做集塵工作，並且煙塵現已被蒐集成為製造木炭液的材料。林總幹事繼續拿起看家本領，問我們諸多問題。譬如：為何有的煙是黑色、有的是白色、有的是藍色？窯內木材排列方式是橫放或直放？窯洞口味和封口之後卻留下一個小洞？入柴薪的洞口為何也留下一個小洞？養鳥的人購買碎木炭回去做什麼？

　　為回答總幹事的問題，我的腦袋轉過小時候的物理課、化學課，也努力觀察周圍的地景和草木，我想學生們也是一樣。走過沒落的傳統產業，許多知識都僅存在從業者的經驗當中，當人才凋零了，不僅要花更多的力氣找答案、建構知識，更要重新定位找出它們在當代社會的意義。無論是瓦窯文化的傳承、木炭燒製技術知識的累積，或者溼地生態的復育都是過程，目的在找回人與人失落的關係、人的自尊與自重，並看見生命的價值，尤其是透由一群人可成就諸多不可思議的力量。

　　面對無知，學著謙卑，時常低頭反省。只要低頭一看瓦窯廠區地面，一畦畦地隆起，自然了知為何陰乾中的瓦胚會保持彎曲的弧狀。磚的骨牌效應也是一種集體和諧的作用，相對地，如果只有一個磚作用，整體可能如如不動。從水安社區的入口意象到龍目社區的挑水壁畫，人與人相互扶持的力量擴散出去。惡地變濕地，更是舊鐵橋協會志工辛勤維護所致。

　　人與土地、人與自然、人與人因為互助產生了連結。因為這幾個協會與社區相互搭配更成全了我們這次參訪與學習。他們的努力烙印在我們的心識，某天又會發芽成長。善意就如此開展出去，終將帶領人們看見生命存續的實相，那是種敬畏、謙卑、不執取、相互成就，互利共生的世界。向大地、萬物、眾生學習，惡地都可蛻變，草木榮生，何況人呢！

2007.11.18

從「心」看見社區營造的希望

　　選擇 5 月 4 日那天，帶學生參訪台南市後壁區土溝社區、聆聽臺南藝術大學曾旭正老師談社區營造，雖是巧合，然而呼喚著五四運動前輩的希望。果然，我們在一群人的協力中看見臺灣社會的希望，就如那天天空很晴朗。

希望之一：活出尊嚴

　　去土溝社區之前，我雖觀賞過相關的社區營造影片，然而百聞不如一見，土溝的社區營造雖說始於一頭水牛，然而絕對不止於為水牛起厝或廢棄牛車的再利用。

　　社區營造最重要的是「造人」，在土溝，我們遇到所有的人，包括：張村長和社區發展協會的幹部們都如是說。為我們導覽的臺南藝術大學的研究生李亞樵也說：他的任務就在出一張嘴，跟阿嬤、阿伯聊天，然後協助阿嬤、阿伯將他們的想法實現。真的，我看到好多開朗的阿嬤，正在用大灶煮食，準備給訪客享用，還有阿嬤們樸素畫作中流露的燦爛。

　　土溝在哪裡？「白河的隔壁、新營的北邊……。我們只是想當別人問起我們從哪裡來時，別人能夠知道我們的家鄉在哪裡。」活出尊嚴是居民的希望。張村長提醒我們：用感受而非美醜看農村；農村不是遊樂區而是生活的地方；在臺鐵工作的黃先生跟我們分享，他們想要活出自在，生活變優雅。村裡幹部和居民們頭兩年都在溝通，但是那可不是「開會」而是「泡茶」，連買一台電風扇都要經過那過程，一個社造案花個大半年溝通想法更是常見的事。找出記憶成為社造的開端，了解居

民的想法更是重要。

　　果然，土溝多了許多令人驚豔的角落。水溝中多了風車、廁所搭上沈思的列車、水泥地變花園。還有，松鼠阿嬤家前兩棵樹之間，開出的一片休憩平台。幾張小學廢棄椅子圍繞著一張圓桌，仔細看：玻璃桌面不是那麼圓整、支撐的腳架是由犁田的轉輪改製而成。類似的廢物利用比比皆是。捲曲的鋼筋與鐵片搖身一變，成為農村中常見的蜻蜓和黃澄澄的絲瓜花，迎風招展。阿嬤棉被上的大朵紅花曬在牆上，結婚、居家老照片嵌入洗手台面，還有四處躲藏的石刻蝸牛，召喚似曾相似的記憶。初看土溝的社造有點後現代，然而仔細瞧卻很有人情味，看牆面上貼著人比花嬌，阿伯笑容可掬的照片就知道。

希望之二：一群人共同營造生活的想像

　　人情味不僅寫在居民的臉上，更引來南藝大建築藝術研究所師生的參與。從不認識社區、講著不輪轉的臺語開始。可以想像，前面那幾年學生們是辛苦的。就像紀錄片中，石雕藝術家侯先生開始雕刻水牛，不免招來居民懷疑的眼光：牛的角怎麼可能雕在圓滾的石頭上？然而一旦信任建立了，村長甚至可以挪出空間，讓學生住進去。

　　如同曾老師所說的，土溝是自力營造過程，伙伴關係的建立需要時間的，南藝大師生受到土溝的信任，才能提出一些建議，才會被納入成為土溝的一分子，也才可能融入村民的生活步調。現在倒過來，反而有人會問：如果沒有南藝大的話，土溝的社造會變成怎麼樣？曾老師是這麼說的：核心是這群人開始營造生活的想像。土溝是集體決策，不像一人公司的做法，如果這個人不做了就會垮，土溝的集體決策，學習討論與決策

與承擔，撐起了土溝的社造。過程是很重要的，過程中會發生一些事，修改或是加入想法，那樣的過程也不是一般專業者能夠做的。此行參觀土溝，知道還有高雄的藝術家自費去教村裡阿嬤畫畫、其他學校學生去參與水牛起厝。更印證了村長所說的：「一個人沒辦法完成的夢想，在土溝可以透過一群人共同去完成！」

希望之三：從個體的自覺開始改變世界

　　為什麼要做社造？怎麼跨入社造？曾老師強調：重點在於看到個人與他人的關係，亦即，要理解自己與群體的關係。在談到個體與群體的關係時，曾老師用了個令人深思的比喻。他說：從數學觀點來看，如果大家生活在平面的世界，一個人與另一個人是點線面的連結。但是若是三度空間進來，二度空間的人會看不懂，看不到三度空間的世界。反過來說，三度空間的人可以去理解二度空間。所以，進到組織時，形成的過程中有自我，也必須與其他群體互動，其中有規範。個體在組織外有自己的一套，到群體內必須要接受規範，才能運轉。

　　然而，一般人對組織社群沒有太大看法。針對此點，曾老師舉例說，目前的教育強調個性化，只要我喜歡有什麼不可以，然而到最後大家反而沒有了自我。例如：低腰褲流行時，不適合穿低腰的人，也沒辦法買到高腰褲，反而被社會制約。並且指出：個體與個體可以組合社群，社群可以結合成更大的社群，這些社群如果更多，例如：有更多的團體來關心河川，就有力量去改變社會。一條從個體到結社到改變社會的路，其中的關鍵是自覺，不管出發點是趨吉或避凶，但是最主要還是要自我實現，才不會趨吉完成了，不知要幹嘛；也才不會避凶完成了，

不知要做什麼。

　　關於自我實現要做什麼呢？學佛的曾老師說，就是從下士到中士、上士道的修行[1]。在這過程當中要與很多人互動，要如何合作？要如何歷事練心？要如何包容？這就是成佛之路。換言之，個體不只是關心自己，而是群體。Community 一詞有兩種內涵，一種是社群，談的是人與人的關係，一種是社區，談的是人跟環境的關係。所以，他說社造是製造幸福的行業！

　　其實，任何行業皆然，不過如果搞錯方向的話，就會變成自害害他。關鍵點在哪裡？要先改變自己，讓自己成為有自覺的人。有個俗諺說：「出生時，眾人歡笑，唯你哭。」這是因為出生時，自己無法控制，但是死時眾人哭，自己要歡喜。好深的自覺、好深的造人哲學，謝謝曾老師的提醒。

2008.5.15

1　在藏傳佛教中，根據資質稟賦的不同，將佛教修學劃分為數個不同的階段。宗喀巴大師之《菩提道次第廣論》即是其一代表論典，道次第是指在不同階段的人，所應該走的道路，依程度分為下士道、中士道，及上士道。

入乎其內，出乎其外的教與學

　　昨晚博士班「成人教與學專題研究」課程移地去高雄第一社區大學上課。學生分組報告他們探究的社大教師的教學觀點。最後，主持人要我總結，心裡浮現「入乎其內，出乎其外」這句話。

　　當時我是這樣說的：多年來，我看到社大的伙伴們投入第一線，為臺灣社區、社會而努力，表現優異。但是局內人當久了，往往難以站到一個高度檢視自己的作為。另方面，在大學殿堂，我帶領的博士班學生，雖說有一定學理的基礎，但是對社大運動的認識有限，處於局外人的位置，觀察不到社大深刻的內涵。為此，這學期我和社大金玉主任合作，讓學生進入「社大教師練功式—成人的教與學」[1]課堂當中，觀察、訪談，了解社大教師的教學觀點。期待透過這入乎其內、出乎其外來回的檢視，開啟社大教師與博士班學生交相輝映的格局。

　　回想我之所以有這樣的想法，真的是因為教書二十多年，深刻的反省常常都是源於每隔一陣子進入田野做行動研究，親自教學的結果。有時候當局內人、有時候當局外人，換位思考，不僅觀察與省思會較有力道，而且會較謙卑。

　　今天發現，王國維在其《人間詞話》中，早就將這事情說

1　「社大教師練功式—成人的教與學」這門課目標有二，其一為有經驗的社大教師教學經驗的交流，其二為藉課程分享整理為社大教學資料庫，供後來者參考。課程以師資群方式進行，從社大運動精神與民眾教育內涵認識開始，社大教學實務案例介紹，以及民眾教育概念與方法的整理。期許社大教師有機會在課堂中認識教與學和自身的關係。感謝張金玉老師用心開設這門課，並讓成人教育研究所學生們參與！

得很清楚。其原文如下：

> 　　詩人對宇宙人生，須入乎其內，又須出乎其外。入乎
> 其內，故能寫之。出乎其外，故能觀之。入乎其內，故有
> 生氣。出乎其外，故有高致。……

　　詩人說：事情要深入到它的內部，才能充滿生氣，要站在它的外邊，才會有高瞻遠矚的趣味，讀書、工作及生活皆然，這是我昨天所沒想到的，一併記下來提醒自己。

2017.6.10

寫卡片不只是謝師恩

　　從 2006 年開始，每逢 9 月開學，教師節前一、二週，我總會贈送空白卡片給學生，教他們撰寫卡片謝謝他們的老師。並且，慎重地提醒學生，既然身為師範大學的學生，別人不重視教師節，我們自己要重視它，這即是所謂「人必自重而後人重之」的道理。唯一的要求是，請學生們在課堂中和數位教學平台上，分享撰寫謝師卡的心得。

　　十年下來，深刻地感受到，學生們是能夠感受到老師的恩德，只是不知道如何表達，或者沒有機會表達。在心得分享中，學生們說出藏在心裡許久對於老師的謝意。記憶深刻的是那些關懷他們的生命，為他們解答人生方向、態度及觀念的老師。即便是失散多年、天人相隔，老師的恩德仍歷歷在目。有人感恩的對象是提拔自己的長官、職場中服務的對象，乃至於在過往生命中挑戰他們的人，印證了「三人行必有我師焉」的道理。

　　在撰寫教師卡過程中，學生們反觀自省個人的生活態度、省思自己對於教育的看法和教師角色的扮演。有學生進而回到自己的教學崗位，推動撰寫教師卡謝師恩活動。有學生很快地收到老師的回應，感受到老師回信中深刻的感動和期待。還有學生與過去的同學聯袂去探望老師，乃至幫助老師度過困境。從學生們的迴響中，讀到他們的善心和善念，並且較深入認識他們過往求學的種種。在剛開學之際，透由這饒富人味的方式認識學生，還真是始料所未及。

　　大概因為這樣推動了幾年，每年我都會收到學生們寄來的賀卡。今年收到幾張不一樣的賀卡。有一張上面畫了我的樣子，勾起我年輕時上課喜歡畫畫的回憶，讀碩士班時，也曾繪製劉

真教授的畫像送給他當教師節禮物，真是有志一同！還收到一張上面載滿了學生創作的音符，當下真的傻眼了，我是一個看不懂音符、抓不準節拍的人。「聞道有先後，術業有專攻」不就是如此嗎？

　　「教學相長」，古有明訓。這幾年推動撰寫卡片謝師恩，個人有很大的學習。一次次練習念師恩、效學老師，調整自己作為教師的角色。此外，在我開始推動這活動的前幾年，市面上很難買到現成的謝師卡。然而，大概在五年前，情勢大改，教師卡如雨後春筍冒出。今年更有教育家部落格推動「好老師記一輩子」謝師恩活動，高雄郵局還推出郵卡謝師恩活動。看到這種現象，感受到善的循環如同漣漪般，一層層地開展出來，好讓人歡喜。謹在此祝福收過、寫過，販售，以及製作教師卡的人教師節快樂！

2015.9.28

教學實踐中的教育改革

這幾年，國內教育改革治絲益棼，瀰漫著一種找不到方向的焦慮。作為第一線的教師，我越來越相信改革之道應放在人身上。若僅從制度著手，徒有空殼，因為人們內在的價值沒有改變，看不到另類的取捨途徑。紮實地從生活可及的食衣住行著手，才可能改變人的價值觀。為此，我經常自問究竟在教學中，可以創造哪些價值和可能性？

其中一個做法是協助學生從自身關切的事情出發，看到核心議題及其所處的脈絡和影響因素。在課程中，透由健康識能（health literacy）的概念，我讓學生從事七週的健康改善行動計畫。學生從個人關注的健康問題開始，透由閱讀與健康相關的素材，加上行動方案，從反覆的反思與行動中，逐步地釐清問題之所在、找到下手處，最後建構出自己的健康識能並成為資產。

在教學過程中，協助學生運用社會學的思考，越來越成為重要的課題。這學期在成人教育議題課堂上，我們閱讀《見樹又見林：社會學作為一種生活、實踐與承諾》一書[1]，之後由學生們分組找出他們關心的議題做一報告。很歡喜學生不僅從自身關心的事情出發，且能將之放到大的社會脈絡中檢視。

以某位年輕學生為例，他非常喜歡喝手搖茶，在大家的鼓勵下進行了〈臺灣手搖飲觀點之省思〉。他的報告探究手搖茶和消費行為、成本和價值觀、經營策略、環境生態保育、健康

---

1   成令方、林鶴玲、吳嘉苓（譯）（2006）。**見與樹又見林：社會學作為一種生活、實踐與承諾**。台北市：學群。

宣導等層面的關係。從馬斯洛的需求理論出發，學生自問：「其實水就可以滿足我們，但為何要喝飲料呢？」他個人的回答是：「為了不想單純喝水的無趣，想要在需求上添加更多飲食的樂趣。」

在這過程中，學生提問：「茶葉成本高，手搖杯如何賺錢呢？」進而了解到隨手喝隨手丟，造成塑膠器皿的濫用，乃至石化原料的浪費。也看見茶飲中可能會有農藥殘留超標；茶飲的衛生問題；將咖啡、茶飲當水是胃食道逆流的危險因子，以及吃多了添加的茶精和糖精味，對人體有害等問題。

然而，還是忍不住想喝茶飲怎麼辦？在眾人的推薦下，他去了一家以基於尊重自然，善待生命，健康和樂的理念，專門販售天然、健康、無添加飲品的茶飲連鎖店，最妙的是他描述與店員的互動。買了茶飲之後，店員問他要不要塑膠袋？之後，店員卻遲遲沒給他塑膠袋，反而告訴他塑膠袋的危害。

教育改革要成功，需要諸多內外條件的配合。短期內要學生改掉喝手搖茶的習慣可能有些困難，但是在探究過手搖茶飲現象、從各種角度思惟後，學生會少喝一點、喝低糖的，乃至有機茶。修習健康識能課的學生開始關注健康與自身生活型態的關係，下課後一起跑步運動，更是個好的開始。

就這般，從貼近個體的生活與生命切入，在教學中設法促成理論與實務相互呼應，透由各種教學活動，創造變革的機會。而我也在行動中反思，尋找修正的路徑，我想教育改革還是有希望的。

2016.11.27

俄烏戰爭中資訊素養的練習

俄烏戰爭看似遙遠卻迫在眼前，強猛的網路資訊成為戰爭利器，讓人讀了膽戰心驚。海量的資訊每天轟炸著腦袋，自問：能做些什麼？難道就只是隔海觀火？

靈機一動，上週三下課前我要求學生分組探究俄烏戰爭相關的議題，配合這週的資訊素養主題，算是課前練習。特別提醒學生重點在於過程當中篩選資訊、釐清資訊、詮釋資訊等的學習反省。

第一組同學探究：為何烏克蘭總統澤倫斯基在戰爭中民調一直上升？學生們找到了烏克蘭某一個非營利組織對於總統的民調，包括選前幾年到戰爭開打後 2 月到 3 月初的統計趨勢。之後他們閱讀了澤倫斯基的推特文本，從而就澤倫斯基這段時間的談話內容詮釋其民調飆升的原因。第二組同學關注這場戰爭對於臺灣民生的影響。他們各自上網下關鍵字，之後篩選出七篇報導，然後運用 5W 的方式（Were, When, What, Why, Who）檢核這些報導的可信度，最後做成結論。

第三組研究聯合國對俄羅斯制裁成效／影響。這組同學先了解了聯合國的組織架構、安理會的組成及決議的方式等。之後，依據聯合國發表的聲明，比對網路資訊了解制裁的影響。第四組同學被網路資訊淹沒，報告中僅呈現各自關心的主題，有同學臚列了眾多待探究的課題，還有同學研究報導中提到的炸彈的危害，為大家上了一堂科普教育。

聽了學生的報告後，除給予各組作業建議，如閱讀第一手資料、判斷資料來源，及聚焦思考之外，我也分享了這週個人的練習。我的問題是普丁憑什麼可以發動這場戰爭？他如何說

服國內的民眾支持他？透過 BBC、NBC 等報導，我輾轉找到普丁發動特別軍事行動的全文（英文版），閱讀之後將重點標示出來，之後綜合一些國內外的評論確定我的理解是否掌握重點。過程中，發現必須對俄烏兩國的關係有更深入的認識，因而進一步閱讀了一些兩國歷史發展脈絡，了解到烏克蘭內政問題、其地緣政治的重要性，以及普丁訴諸的民族主義的緣由等。

　　平心而論，如同瞎子摸象，我們蒐集到的資訊與對這場戰爭的理解都是片面的。不過，在這過程中深刻地體會到資訊素養的第一步：定義問題，決定了我們搜尋資料的起點，這關乎我們原來看事情的框架，很難教。能夠做的大概就是提供機會去啟動同學們的動機／經驗，讓大家不斷地提問並重新認識這個與我們息息相關的世界吧！

2022.3.19

代溝：成人學習

　　前幾天上數「數位時代成人學習研究」課時討論到社會變遷中的成人學習。我隨口問大家最有感的社會變遷，同學們異口同聲表示：數位科技的快速變遷，之後班上頓時熱鬧起來，此起彼落的手舉不停。

　　談到手機的使用，許多同學表示：父母遇到使用上的問題就將手機塞過來說：「你幫我解決！」，但是教了半天就是不會。還有，只用 Line 打電話，網路斷了不知道怎麼辦。從學生們的表情，我更看到代溝的問題。

　　我的學生年齡從二十多歲到五十多歲，跨了不同的世代。年輕世代口中描述的長輩，不會用電子支付、不會點餐、不會使用電子產品，遇到問題兩手一攤，沒有動機學，乃至穿著的衣服不討喜。

　　聽到這裡老實講，我心裡真的想扳回一城，坐在他們面前的正是他們描述的長輩。我連忙解釋不同時代有其生活方式和主流價值，我高中畢業流行喇叭褲、大一時校園民歌興起，我還去聽了在臺北市榮星花園的校園民歌演唱會。聽到這裡，突然學生的表情羨慕起來。

　　我順便談到那是個臺灣力爭上游，充滿希望的年代，1980年代末期臺灣錢淹腳目，但那樣的奇蹟不是從天上掉下來的。我們小時候是很辛苦的，物質匱乏；買豆漿拿鍋子去裝，包回的燒餅油條紙張，可能是從同學的作業簿撕來的，但沒提我們總是仔細整理讀過的報紙與作業本，賣給稱斤兩的小販，換一兩個銅板買冰棒吃。

　　將心比心，體會長輩的用錢態度與生活價值觀反映的是他

們所處的社會文化脈絡。問同學們長輩最常用 Line 做什麼？與孫子女連繫，那時製作貼圖就很起勁。這就對了，我要同學們想一想長輩們不是教不會，而是沒有切中他們的需求，仔細想他們最需要什麼？從他們的特性與需求出發就對了。

　　代溝真的不是問題，問題在於我們願不願意和有沒有體會到溝渠另一邊人的生命處境與渴望，能跨出一步就是成人學習的開始。

2023.3.25

各門課之教學實踐

一個學分無限可能

成人教育實習課

關於這門課

　　這門「成人教育實習」課開設在成人教育所碩士班一年級下學期和二年級上學期,分別各為一個學分。上學期(3 月到 6 月間)學生們學習撰寫實習計畫,之後陸續於期末(6 月)開始實習,其中跨過了暑假。由於成教所碩士班學生背景差異很大,實習課的設計採彈性化方式,容許學生們在年度結束(12 月)時才完成實習,更鼓勵學生以團隊方式進行實習工作。地點不拘、形式多元是這門課十年以來的傳統。唯一的要件是學生們在撰寫實習計畫時要與實習機構做充分的溝通,取得共識。之後,我們也會邀請實習機構到學校來參與 5、6 月間的實習計畫發表,並且,在每年實習結束後 11、12 月間進行成果發表。

　　2006 年的這一屆實習課約略而言也是採取以上的原則。不過,我們有一些創舉,那就是與機構更全面性地建立合作關係,全班二十多位學生組成四個團隊分於四個單位實習。有鑑於過去學生實習日誌豐碩,我要求學生們在網路上開設一個部落格,將他們實習過程放置其上與大家分享。於是這門課有了自己專屬的網站:「成人教育不落格—研究與行動」。另外,因為學生的建議,我們將實習成果發表會擴大,於 11 月間辦理了一個兩天的「理論與實務的交會—2006 年成人教育學術研討會」,

從規劃、對外徵稿到執行，全程由研究生自己辦理。不僅如此，他們還要把成果改寫成為可以發表的論文，如此一來，碩班學生忙翻了！

我作為教師的角色

協助學生撰寫可以實踐的計畫是我的責任。關於實習這件事情，如同師父上日下常老和尚所教的，我提醒學生「歷事練心」的重要性。於是 X 成在網站開張〈成人教育不落格—我的小抄〉寫下了以下的第幾句話：

> 老師說，實習是歷事練心。
>
> 我的小抄
>
> 實習是動態的學習，需要靜心去思考沉澱檢討，辦研討會，鼓勵自己去整理分析，以及自我批判。
>
> 動態的實習，以學習的心去做做看，自己的心在與人相處合作當中是怎樣的。實習的過程中看到了什麼，學到那些。
>
> 老師說，這些是默會的知識。
>
> 在人際疏離的時代當中，如何把人心串連起來，培養自己的優點，修正自己的缺點，更圓融處世。
>
> 我想這就是「成人社會參與」的真義！

說真的，讀到上面一段話，我好感動，讀到學生的用心。趕緊回應：「歷事練心是我師父教我的，不能居功。」

接下去，是實習的定位。在〈從實習到原生性知識的建立〉一文中，我簡單地回顧本所實習課的發展過程，提出我對於實

習課與其他課程關連的構想，並期許他們：

> 從實務當中長出對這個社會／社區有較深的理解和認
> 同，在參與中厚植個人與團隊的實力，更期待成人教育理
> 論與實務在相互辯證中滋長，原生性知識得以開展。

之後，我只是扮演激勵的角色。所以，當學生們的網站成立了以後，我最常做的事情是上網回應他們，並在我的專區（他們號稱四個航艦，我則是「領航員」）撰寫文章為他們打氣。譬如：在參觀過第四航艦學生們參與新興社大課程博覽會的招生工作後，我在網站上寫下了當天的心情〈從旗美社大的農民市集到新興社大的暑期博覽會〉，並表示：

> 要完成這實習課真是件不容易的事情。既要規劃又要
> 執行，要行銷，更要有體力唱跳！可以想像 X 華法律課若
> 上不下去，還是可以帶體能操。後面一定有啦啦隊！

X 華的回應是：

> 看完老師的文章，發覺努力還是有掌聲的，X 勝在製
> 作健康操音樂的時候，特別指定我不可以偷懶，我說「別
> 以為熊不會跳舞，週日跳給你們看。」當天我做到了，現
> 在我要開始傷腦筋如何轉換生澀的法律課程呢？不然真的
> 向老師說的，上不下去只好請 X 宜收留我去教健康操了，
> 我會努力的，共勉之。

　　透過網站與學生的對話中，我發現學生是在乎老師的回應的，而我也樂於從心靈的層次給予學生們打氣，所以我的回應通常是這樣的：

　　　愛是什麼？
　　　讓我們先看看小朋友們寫出來的句子：
　　　愛的花朵比家庭還小，卻比天使還可愛
　　　愛就像被汽車壓過的葉子一樣，是永遠不會死的。
　　　愛是用心——深深淺淺地烙印在人我互動當中。讀完你們的紀錄，很感動，謝謝你們的努力！〈回應成教尖兵第四航艦0718的實習記錄〉

　　　套一句X茹說的：從事社區工作就是要在外面跑透透，昨天最大的感觸應該是～跑跑跑！實！實！實！「百聞不如一見，讀萬卷書不如行萬里路」，社區工作迷人的地方就在這裡。……
　　　一趟屏東社區訪視滿滿的感激尚未來得及反芻，四航艦的好戲正在上場。七點四十分，飛奔去文化中心圖書館，竟吃了閉門羹！正確說法是：圖書館竟然在下班時間讓我們同學去那裡繼續實習！拉下的鐵門內，熱鬧非凡。這要第四航艦自己來報告，昨晚的劇碼。
　　　我是去鼓掌的，學到的是「如果類似的親子共學可以年年上場的話……」
　　　不超過十年，這些小朋友就會來讀成教所。好天才的想法，不曉得這點可行不可行？走透透挖寶的故事還繼續在上演中。〈社區工作迷人的地方，2006.7.23〉

誰是今年夏天最大的贏家？——就是你們！認真參與實習的同學。颱風過後，打開這成人教育不落格，以為一定是風平浪靜。才發現：實習將大家的視野拉得好大好遠……

不知道大家有沒有仔細閱讀各組舖上網的紀錄和心得？X珣等在觀察中學習如何帶領兒童繪本讀書會，體會兒童的純真；X玉等和社區民眾與老人共學，轉動人生；X茹等社區走透透，快要成為社區通；X華等為人辦活動，練自己的功夫。這些都是無價的。恭喜大家！〈誰是今年夏天最大的贏家？2006.7.26〉

學生學到了什麼？

至於學生們學到什麼？他們自己最清楚。在〈學習是快樂的？！主動與被動，2006.9.1〉一文中X妃比對實習場域服務對象中年長的婦女和任教的國中生做一比較：

> 學習是快樂的嗎？在大華社區阿嬤身上可體會！學習是不快樂的嗎？在國三學生身上能體會！學習到底是快樂還是不快樂？或許是主動要求學習與被動接受學習的緣故吧！每星期六到大華社區時，我心情是快樂的。在阿嬤身上，我學習快樂！或許有些時候課程的內容讓她們產生挫折，卻沒有阿嬤因為如此退怯不來！甚至主動要求學習要持續！！！
>
> 今年暑假，正值所帶的班升上國三，面臨明年五月的學測，學校如火如荼的加強課程，在國三孩子身上，我感受不快樂在升學掛帥的學校文化中，學習真的是快樂的嗎？

兩種截然不同的感受，就如同洗三溫暖般，快樂或不快樂？
X妃於岡山國中。

　　X如在走訪高雄縣諸多社區後，更寫下了以下對於成人教育的省思：

　　　　印象最深刻的是西德社區，西德社區都是以老人在幫
　　助老人，……在這雖然看見人口外流的嚴重性，但也真正
　　看見老人們自助的活力及生命力。……
　　　　身為成人教育工作者的我們是否思考過我們可以提供
　　什麼樣的服務給社區？走訪社區看見的是嘉南社福系的同
　　學，鮮少有成人教育的同學進入社區，當我們在喊著成人
　　教育的專業在哪時，是否我們是被動地要求給予成教專業
　　的領域，而未積極的發展屬於成人教育者所該服務的領域，
　　走訪了這麼多社區，很多社區對於硬體建設的完成與呈現
　　都很有成就，但文化部分的缺乏及社區工作者的教育面向
　　是缺乏的，我覺得身為成人教育者的我們可以進入社區，
　　幫助他們尋找社區的文化以及紀錄社區發展的歷程……，
　　這些都是成人教育的我們可以做的區塊。〈X如的實習週
　　誌，2006.8.23〉

　　這林林總總呈現出學生們在實習中的學習早就超過我的想
像。X浩觀察同儕反省自己，提到：

　　　　這次的實習，可以說是「包山包海」的演出，從事先
　　的討論開會，到最後的圓滿閉幕，不知道花費了大家多少

的心力，也讓我有「歷事練心」的體驗，像我印象中，對於招生的過程，其實自己是拉不下臉，也缺乏繼續努力的勇氣，往往在被拒絕、被潑冷水的同時，就只想回到自己的小圈圈內。說到發傳單，真的是發生了很多想像不到的事情，也讓我看到 X 華、X 清以及 X 梅三個人對「成人教育」應有的風範。……〈親子愛相學我的成果與收穫 BY X 浩，2006.8.15 二〉

　　X 珣在參與高雄縣故事媽媽協會的實習後，更留下了對於實習者自我深刻的省思，她在〈午後約會，2006.8.7〉一文中寫到：

　　雖然這不是我第一次實習（大學時代也實習過），不過，這是第一次由實習生自己全權自主籌畫所有的實習內容。這不僅是一個挑戰，更是一個認識自己的機會。說真的，當手中的掌控權越多時，人往往便會因為太自由而不知所措……。

　　我們是不是因為被綑綁太久因為被保護太久，而失去了自主的能力？這真得好好想想。透過這次的實習，慢慢在過程中越來越認識自己，並且也一步步去修正自己，一步步調整實習的節奏，一步步去呈現更完整的自己和我們。

　　針對說 X 珣所說的，X 君的回應是：

　　在野地得自生自滅的小野花，就算長得營養不良，但經過與天地搏鬥，努力紮根，歷經困難才能走出自己一條

生存之道，綻放的神采卻不是溫室的花朵可以比擬的。

　　我很羨慕嬌生慣養的溫室花朵，但嚐過自由生長的氣息，我大概還是會選擇做美麗的小野花吧！我想，只有這樣才能保有我真正的靈魂。只可惜大部分的父母都提供一個溫室的環境給小孩。忘了……放手不是太殘忍而是太愛你……（2006.8.12）

「一個學分的價值」有多少？

　　這門課在結束時學生們紛紛討論，譬如：X妃就在網站上表示：「這個學分真的很難搞。」然而她也承認：

　　　　暑假實習付出很多，也學到很多。……在這些實習活動中最大的學習是團體成員的互相包容與合作。第四航艦不知為何變成很大一組，所以需要斡旋的事情特別多，包括出席時間協調與分工，因此從中就會看到人多口雜的缺失，但是也不能否認人多可以把工作做得快一些，一群人嘻嘻哈哈可以把氣氛弄得很快樂。

X君則認為：

　　　　凡走過必留下痕跡，我很高興走過了。當下的體會是比較多的，有挫折、有沮喪、有開心、還有力量和溫暖。在每天下班後匆匆忙忙趕向實習的場域，雖然時間的壓迫和體力的付出很累，但是累得很開心。想到可以和一群可愛的同學共度這段時光，就覺得開心到會掉眼淚，是相較於職場上的無奈和沒有目標吧！我想不只是我，大家在職

場上都是很有能力的，但那些消耗是換取一個月的薪水還是生命中的價值。在人生的歷程當中應該是留下很不一樣的印記吧！

回顧這段過程，學生們的心情如同 X 浩，頗值得玩味：

當最美好的仗已經打過，你該用怎樣的心情去調適接下來的實習？我會引用麥克阿瑟的一句話：如果你用一百萬叫我再去入伍一次，我不幹！但是你用一百萬買我當兵的點點滴滴，我也不賣！這句話完全描寫了我現在的心情。實習的歷程是複雜的，但結果是美好的！〈親子愛相學我的成果與收穫 BY X 浩，2006.8.15〉

作為任課教師，我是隨喜於心的，就像我在〈一個學分的可能性〉一文中的所說的：

一個學分……花了好多個月，沒完沒了；又唱又跳，還要書寫，兼招待。

看得見的是三百多頁的論文，是 VCD 映出的回憶。還有，因為對話看到的盲點、實踐長出的力量、同行滋長的友誼。

是的，我們可能一時之間，不知道如何辦理活動、做宣傳、寫文章、做研究，但是現在我們知道了，而且踏出了第一步，確確實實的一步。

一個學分，是一個長長的故事。邀約了社區阿嬤的SUNSHINE；親子關係的重新看待，還有，大學成人教育的

希望……。

　　用「心」去經營課程，給學生發揮的空間，我讀到學生的潛力無窮，更看見教師的角色何其微妙、何其莊嚴！

2007.1.30

一場新的傳統的誕生 [1]

2006 年理論與實務的交會研討會

緣起

　　1996 年開始（成人教育研究所第三屆）研究生實習成為碩士班修業生涯中一個重要課題。從當初的沒有學分到現在的二個學分，從一學期到兩學期的課程安排——分別安排在碩一下和碩二上（跨過暑假），讓實習的時間更有彈性，實習單位從國內到國外、實習形式從個人單打獨鬥到團隊運作，到今年 6 月我們走出另一種形式：那就是與機構長期與更全面性的合作關係的建立。

　　十年來，每年成教所都辦理碩士班實習成果發表會，已經形成為一項特色。在九十四學年度碩二學生的成果報告中，有同學建議，為何不用更充裕的時間，展現實習成果，並邀請更多人來分享與討論，促成實務和理論更上一層樓的對話呢？個人覺得很有道理，因此也在上課時和同學們多次談到這個想法，並得到大家的認同。

　　再者，晚近成教所學生畢業就業的憂慮浮上檯面，這是過去沒有的現象。觀察近年來全國各大學碩士班大量增設，為協助學生更具競爭力，似乎有必要為學生創造一些機會，一方面是透過辦理活動歷練實務經驗，另方面則是在研討會當中有機

1　本文係為「理論與實務的交會：2006 年成人教育學術研討會」撰寫的序文。該研討會係以成人教育研究所碩士班二年級為主負責全部的規劃、籌備，與執行。碩二學生並於會中以書面和攤位方式與大家分享實習成果。

會發表學術論著，提升學術水準。

　　同時，在今年上半年所務評鑑當中，學生也談到期許所上教師能夠帶領學生從事學術研究活動，以提升成教所學術風氣。針對這點我也注意到，作為一個研究所，學術風氣良窳是一項關鍵性指標。尤其，博士班學生更需強化這部分的競爭力。因此，如果可以結合實習成果發表，辦理一個學術研討會則是兩全其美的事情。

願景

　　在當代臺灣社會，日趨物質導向、強調個人相互競爭的環境下，似乎未能為大家帶來快樂或幸福感。反而憂鬱症者日多，人活得疏離、工具化，乃至失去意義。要能夠不被這些主流價值吞噬，成人教育者必須鞏固一些核心價值。過去和現在於民間團體參與的經驗告訴我，學習型組織的修練，如「團隊合作」和「共同願景」的重要性，這些都讓人們較能活出生命的意義。

　　「參與式行動研究」是成人教育中很重要的一項理念（可參考《面臨十字路口的成人教育：學尋出路一書》[2]），我個人也相當認同。學生如果能以自治的方式，從規劃到執行研討會全部自己來，才能真正體現其精神，更有機會培養當代臺灣社會所需的民主素養。

　　因此，想像中這個研討會的籌辦是一場學習之旅。在這過程當中，參與者透過分享與對話討論，將個人的願景融入其中，大家可以不同意彼此，然而可以從互動中找到共識，培養人際互

2　詳見本書的〈學尋出路〉一文。

動能力、包容力，這些即是職場上所謂的軟實力。進一步，基於
成教所學生各具優長，相互學習不僅可學到辦理活動的顯性知識
（如：會議的流程、接待等），更可以學到隱性知識（如：團隊
運作之默會知識）。如果這過程可以整理出一個模式，將來我們
更可以帶動成教所運作出一種比較向理想的成人教育模式。

關於這個研討會我的想法是：就過程而言，透過以學生為
主體的團隊協力，展現出一種「參與式行動研究」的共學精神，
進而累積成一種共同參與的運作模式。就結果而言，因為這籌
備與執行工作，參與者各自可學到想學的東西，整體上成教所
運作出一種學生自治的典範。再者，因為學生參與研討論文發
表，帶動承教所學術研究風氣，提升個人的研究素質。換言之，
對於這個研討會我寄予相當大的期待，並將之視為一場學習之
旅。因此，在我們進行第一次籌備會之前，我曾請同學們想一
想以下的問題，作為第一次籌備會共同學習的課題。

1. 我對於這場研討會有什麼期待？特別是對我個人的學習
   有什麼幫助？
2. 回想以前參加所裡面的活動，你受益最多的是什麼方法
   或內容？
3. 以前參加所裡面或在過去學習階段參與類似活動的籌
   備，最讓你困擾的事情是什麼？你想如何改變才能有所
   突破？
4. 本籌備會將有以下工作要做，請思考一下各個組別的工
   作內容會包括哪些？你想參與那個組別／職務的工作？
   秘書組、公關組、議事組、總務組、主任委員（主席）、
   副主任委員（副主席）。

5. 請想一想籌備工作的流程大概會如何？

在第一、二次的籌備會議中，同學們展開了很令人振奮的對話。X成於6月8日在「成人教育不落格」網站中寫下了以「前進，成教論壇」為標題的留言，他提到：

> 今日中午在1401教室，我們往前邁進了一大步！
> 這一步從上星期四中午的對話踏起。
> 大家從研究生的學位論文發表談起，我們找出一種內聚與外放的力量。
> 未來的論文發表會，邀請學長姊參與，以及發表在校研究生的實習成果，同時探究研究方法。
> 這樣的研討會，我認為具有實習的在地社會參與、研究的學術性，以及研究方法的思辨對話。
> 這是一場正在形成中的「行動與研究」的成教論壇。
> 而我們正在踏在這歷史的起點——創新傳統，開創經驗。
> 步出1401，我感覺到心頭一陣熱血，久久不散。

的確，在這過程當中，聽到、看到並感受到同學們一步步的凝聚共識，讓我不禁想為大家喝采，於是我在網站上給X成回了以下的話：

> 大陸作家方勵之有本書名字叫做「我們都在寫歷史」。
> P. Freire 和 M. Horton 有本對話錄：*We Make the Road by Walking*。

　　用心的話我們都可以！

　　之後，由於相信同學們可以走出自己的道路，我慢慢地從籌備過程中隱退。到籌備行將告一段落，研討會蓄勢待發的此刻，同學們要求我寫下一些勉勵的話，我還是老話：

We make the road by walking!

　　期待未來同學們不只是透過實習才與相關機構接觸，不管是藉由籌辦研討會、課內外的學習活動，都能展現出一種參與式行動研究的學習風格。從實際的參與當中長出對這個社會／社區有較深的理解和認同，在反思和行動中厚植個人與團隊的實力，更期待成人教育理論與實務在相互辯證中滋長，原生性知識得以開展。

2006.10.26

形構積極互助的共學文化 [1]

2007 年理論與實務的交會研討會

在「2006 年成人教育學術研討會：理論與實務的交會」後，我在當時的碩二班部落格「成人教育不落格」上，以「一個學分的可能性」為題，留下了以下的短文。今年棒子交到了 X 婷、X 芬這屆。5 月間，看學生被功課追著跑，我心不忍，沒提辦理研討會這事情。開學後，9 月底研討會籌備開始起跑，學生仍被功課重重包圍。正確說來，應該是我們——學生和老師，還有這社會的每個人，都被眼前的家庭、課業、工作塞得滿滿的。怎麼挪出精力籌備這場可大可小的研討會？那就看個人與組織如何看待這件事情的價值。

去年的「一個學分的可能性」，今年依舊。雖然學生換了、探究的主題和場域換了，經過這年田野實習和論文寫作，淬鍊還是深深地烙印在他們的身上。因此作為老師的我，沒有理由不去催化、形塑，並助長這種學習價值的可能性，讓學生體驗、看見希望，並長出能力。還有，籌辦研討會一個重要的理由是現今結構性因素將教育現場的每個人綁得死死的，單兵作戰的結果，每個人都被個個擊破。學生拿到畢業證書，難保不是另一個失落的開始，學生的競爭力在哪裡？一個樣子的畢業證書，成教所的學生和其他研究所有何不一樣？

「從做事中學做人，從做人中學做事」，對於當前的學生

1　本文係為「理論與實務的交會：2007 年成人教育學術研討會」撰寫的序文。

尤其重要。成人教育研究所的學生比其他的研究所更需具備終身學習的能力——學會認知、學會做事、學會與人相處、學會生存，以及學會改變。透過籌辦研討會這樣具體的事項，漸次地在人我互動中學習，對於學生應該是有提攜的效果。期許本所的學生在行動中，善用這理論與實務交會的機會，形構積極互助的共學文化，同創成人教育界新生代的社群。

2007.11.11

夢想在課堂與田野間穿梭 [1]

2008 年理論與實務的交會研討會

2006 年，我們第一次擴大實習成果發表會，將之轉型為成人教育學術研討會，以「理論與實務的交會」為主軸，增加了研究生論文發表的單元。當時碩二班討論最多的是「一個學分的價值為何」？去年和今年在研討會籌備過程中，我看到學生辛苦的一面——校長兼撞鐘，從規劃到執行，乃至撰寫文章與設計實習成果攤位等，也曾自問為何把大家弄得這麼辛苦？

然而，去年聽完學生實習成果的分享，又看到與會者討論欲罷不能，更加肯定辛苦是值得的。如同會後我在〈讓微笑曲線持續上揚〉（2007.12.3）文章中留下的感言：

> 看到學生們正為自己種下一個良善的因種，那個時刻他們的體會，將是他們未來分辨什麼是有價值的、可貴的一個起碼的判準。想到這裡，告訴自己，為學生創造學習環境是教師的責任，也期勉和所裡面所有的師生繼續共創良好的學習環境！

說真的，要落實上述的理想，除精心規劃外，更需要許多配合的條件。這一班得天獨厚，有了這樣的機會。從碩一上的「成人學習研究」到碩一下和現在（碩二上）的「成人實習」

1　本文係為「理論與實務的交會：2008 年成人教育學術研討會」撰寫的序文。

課程，因為有了教學卓越計畫的支持，引入「計畫本位學習」
（project-based learning）的課程設計，我將三門課串在一起。同
學們從碩一上開始，透過課堂的演講與田野參訪，踏出與合作
機構建立關係的第一步。自然地，碩一下有機會與實習單位做
更緊密的配合。而這場研討會的籌辦更跨出理論與實務交會的
一大步，不僅讓同學們學習如何展示實習成果，更透過這過程
再一次練習以團隊的方式從事專案計畫。

　　所謂「計畫本位學習」強調：學習要與真實世界的議題和
主題產生連結；以一種更直接和有意義的方式探究學習的內容；
探究的過程始於導引的問題，從事合作性的專題計畫；學生在
探究過程中，帶出具體的、手邊的經驗；促進抽象的、知性的
任務執行，以探究複雜的議題。換言之，計畫本位學習所從事
的專題計畫並非附加在課程之外鬆散的活動，而是整合成為課
程的一部分。因為導引的問題之使用，讓探究過程更聚焦，學
生可去面對學科主要的元素和原則。計畫本位學習採用後向式
的設計課程原則，以終點為起點。其設計含括四個要素：擬定
有意義的成果、管理過程、精心設計導引問題及規劃評量。

　　呼應上述計畫本位學習的理念，在此特別要提的是對於學
生的期許，亦即有意義的成果的內涵。記得之前研讀美國的成
人教育政策，赫然發現美國聯邦政府花了十年以上的時間（1994
年迄今）發展「裝備未來計畫」（Equipped for Future），確認
識讀的成人所需的十六項衍生性技能，含括四大類：第一類是
溝通技能，包括五項：理解性閱讀、用書寫傳達觀念、說話能
讓別人理解、主動的傾聽，及批判地觀察。第二類是人際技能，
包括四項：與他人合作、指導別人、倡導和影響，及解決衝突
和協商。第三類是作決定技能，包括三項：解決問題和作決定、

規劃，及使用數學以解決問題和溝通。第四類則是終身學習技能，包括四項：對學習負責、透過研究學習，及反思和評鑑。

　　以上述十六項技能檢視本所學生，顯然我們還有許多成長的空間。而要能長出這些技能，明顯地我們的學習場域和學習的內涵應更寬廣。過去一年多以來，將機構引入課堂、帶同學們走出教室，大家的學習有目共睹。就以大樹鄉的參訪（2007.11.18）為例，學生們有了以下的反思：

　　　　還沒親眼見過之前，常常看著報章雜誌中關於社區營造的相關新聞，心裡總會想著：「是什麼樣的人會想投入這樣的工作？」、「他們不需要工作討生活嗎？」、「從事社區營造，又能有什麼樣的好處呢？」諸如此類，總覺得難以理解。而這一連串問題的解答，卻在幾個看似平凡的人身上，找到答案。

　　　　……黝黑的臉孔、精實的身材、憨厚的笑容、熱情的態度，這四個意象，是乍見「三合瓦窯」第四代傳人李俊宏先生、以及「高雄大樹文史協會」總幹事林世明先生時閃過我腦海的身影。李俊宏先生談起他放棄銀行工作回到家鄉繼承家業時，舉止間流露出的驕傲自信，讓我這個替他惋惜的人感到慚愧；林世明先生解說瓦窯製作瓦片過程時那股神采飛揚，讓我這個「都市俗」十分汗顏。（X君）

　　　　走一趟大樹鄉，我明白一塊小磚瓦不再是一個沒有生命的建材，而是一個被賦予意義、情感的生命體；透過協會和志工媽媽們的努力，讓傳統產業與社區能夠緊密結合，發展出文化共生的關係，也帶動了整個社區的發展與再造。（X容）

　　此次參訪給我很多的思考及反省，特別是針對當我們在追求現代化的同時，如何維護地方特色，而達到此一目的的同時，又如何負有教育責任（從兒童到老人）、經濟發展。另外，當我們在作社區經營，我們往往只考慮到「人類發展」的層面，而罔顧了「生態」維護及「境教」的功能。我看到了一群熱愛自己家鄉並付諸行動的人，這樣的笑容及熱忱不但為當地文物注入新的發展可能，也提供當前社區教育者、學校教育者、青少年很棒的學習機會，當我們在向外追尋國際觀的同時，我們有沒有忘了我們從何而來？當我們追求便捷文明的新科技時，我們懂得再咀嚼、再發現舊東西的內在價值嗎？當我們在發展個人生命時，我們了解互助合作、人我共生，及環境永續經營的道理嗎？亦或只是自我的、短視的、表面的追求呢？（X 筑）

　　至於我自己的學習更多，不僅看見生命的價值，更看見透過一群人，可成就諸多的不可思議的力量[2]。回顧這一年半三門課，乃至這三年來籌辦研討會和十多年來帶領學生們的實習課，赫然發現：原來我是用夢想在課堂與田野間穿梭。果真，織出了希望，並看見了生命的實相——自他二利是相互觀待的，用心經營必得見。與大家共勉！

2008.11.27

2　詳見本書之〈在大樹鄉看見互利共生〉一文。

爾愛其羊，我愛其禮 [1]

2009 年理論與實務的交會研討會

「子貢欲去告朔之餼羊。子曰：『賜也，爾愛其羊，我愛其禮。』」陪伴同學們籌辦 2009 年理論與實務的交會研討會幾個月來，腦海常常浮現當年孔子對子貢講的這番話。環顧當前的教育環境，這句話也不斷地提醒我重新檢視自己所為何來？

在前幾天的籌備會中，有同仁提到由於經費拮据，怕明年辦不下去。昨天同學來信問到：研討會手冊頁數已經很多，是否實習報告還要放入？稍早同學們在研擬宣傳計畫時，也從成本考量海報的印製與宣傳的對象。又要馬兒肥，又要馬兒不吃草，這次辦研討會感受到這樣的氛圍，難為同仁與同學們精打細算，辛苦了！

關於實習報告是否要放入研討會手冊一事，我的答覆是：「要」！至於之前海報印製與宣傳，曾有同學表示：用電子郵件宣傳可省錢又環保，然而我卻主張至少要針對成人教育相關系所、大高雄地區相關的社會教育、社會福利單位及歷來實習相關單位等做實體海報的宣傳。那並不意味著我不知道印製海報、手冊需要費用，也不是沒有注意到能源消耗的問題。

不曉得從什麼時候開始，「省錢」、「效率」幾乎是大家做事情不二的考量。然而我卻要問，如果因為「效率」犧牲了「效果」？或者說，為了省錢，做事情七折八扣，那麼我們是不是

1　本文係為「理論與實務的交會：2009 年成人教育學術研討會」撰寫的序文。

要反問自己：如此一來是否有違初衷？

　　先舉一個例子，這些年過節時，我常常收到電子賀卡。一方面感謝朋友沒有忘了我，可是另一方面卻沒有太多的感動，因為受到的是用大批郵件寄來的套裝卡片，有時甚至沒有留下隻字片語。那樣的卡片收多了，反而心裡生起了一些些的負擔，因為不想在彈指之間回信，卻不知道如何回信。在這裡，我沒有責怪友人的意思，然而要指出的是：當親筆寫的賀卡被套裝的電子賀卡取代時，卡片雖美，但是人與人之間獨特的情感關係卻不見了。

　　當年孔子對子貢講：「爾愛其羊，我愛其禮」時，子貢覺得當時諸侯已經失去了禮的特徵，徒具儀式沒意思，所以要去掉告朔的餼羊。孔子反對是因為禮樂有它存在的基本的道理，不能因為做不到，就不去做、不去維護。

　　對比當前的教育環境，無論是辦研討會乃至教育的興革，一直以來，我的師長教我：「不忘初衷」！所以，不能說沒錢就不要做事，方法可以改變、目標卻不能忘失。至於明年如果真的沒經費，是否繼續辦理這研討會？我不知道，或許暫時不辦。然而，心理很清楚，創造緣起幫助同學學習是我的責任，也是我學習的機會。在此謹與本所師生共勉，並祝大家學習步步向上、研討會順利成功。

2009.10.14

成人教育研究生了沒？[1]

2010 年成教研究生了沒？看見跨界的新視野論壇

緣起：變與不變的弔詭

回顧在成人教育研所任教十多年，最大的體會是社會變遷越來越快速，科技、價值觀，還有生吞活剝的資訊，目不暇給。「變」似乎是生存之道，多年前聯合國教科文組織倡議的終身學習四大支柱──學會存在、學會認知、學會共同生活，以及學會做事，近年更增加了第五大支柱──學會改變。然而另一方面，教育強調的根本技能（essential skills）或核心能力（core competencies），亦即「帶得走的能力」的呼聲同時四起，「不變」又似乎成了變遷社會中的根本法則。表面上的弔詭，說明了教育若要有大用，必須撥開變遷的迷障，清楚地掌握宗旨，知道它將帶領學生們往那裡，然又能與變遷共舞，善用科技和資訊、含納多元的價值觀，進而與學生共創對於世界的想像與格局。

成人教育有大用：彰顯人的可能性

在教育研究領域當中，與歷史悠久的學校教育相比，成人教育屬新興的學門。雖說如此，成人教育關心的範疇卻遠大於學校教育，並且對人們的影響也較兒童教育有過之而無不及。然而，不得不承認，在國內成人教育的重要性（就如同其所倡導的終身學習）雖被認同，然仍處於邊緣的地位。這除了涉及國內整體社

1　本文為 2010 年「成教研究生了沒？看見跨界的新視野」論壇手冊序文。

會發展的條件與教育政策的設定外，更重要的是肩負成人與終身教育人才培養的系所對於自身專業化的期許和作為。

由於領域的寬廣，長久以來，成教所吸納來自各行各業關心成人與終身教育學習者的投入。學生學成後回到各自的工作崗位，為其工作注入成人與終身教育／學習的理念和作法。這除了呈現早年成教所學習的特質外，更彰顯這個跨領域學門的特質。近幾年隨著研究所教育的普及化，學生報考成教所時，有些人對於成教所並沒有多少的理解，或僅為學歷晉升、以成教所為跳板，進入中小學教育工作。年輕學子對於其未來的理解和想像，直接牽動其學習的態度與投入的狀況，不僅形塑了成教所的學習文化，更左右了其畢業後投入職場角色定位、未來生涯發展，以及生命的自我看待等。在此情況下，如何回應學生的特性，在有限的學習時間內協助他們發展跨界的知能，變成當務之急。

本論壇因而始於「如何當好研究生？」談的是研究生在校學習生涯的規劃，拉長一些，涉及成教所的學習如何與職場接軌的議題。因此，「職場需要怎樣的研究生？」是我們所關切的。進一步，拉長時間、放大空間，我們更想共同探究的研究生如何從現在開始，定位其生活、未來的工作與生命的關係，這不僅涉及「成教所研究生如何再定位？」更關乎成人與終身教育核心的價值與創新。浸潤在成教越久，越深刻地體會到這領域最具價值的部分在於它不僅帶領我們通向一個專業，它本身就在成就人之所以為人的可能性，這對於參與其中的所有師生皆然。不過，誠如前述，變與不變的弔詭，要能彰顯成人教育這可能性，其基礎仍有賴更精準地規劃成教所的課程與教學，並具體地落實在我們所踏出的每一步的當中。

實踐：教育之道

　　實踐是反思與行動相互辯證的過程，更創造了理論與實務交融的契機。這次論壇接續過去幾年來本所辦理「理論與實務的交會研討會」的傳統，由研究生學會規劃與執行，期許學生們共同從實踐中長出力量。每屆學生的投入度不一，過程中難免有些情緒張力與衝突。然而，在研討會當天，一次次我都看見學生們展現驚人的爆發力，成果斐然。這讓我更相信，教育之道無他，必須有一雙願意看見美的眼睛、必須有一顆悅意的耐心，還有必須結合一群人、創造條件讓學生呈現他們的想法。「君子有成人之美」，願我們從初衷開始、過程中與結果都如此自詡，與大家共勉！

2010.12.11

打開想像成為社區教育工作者 [1]

2011 年社區，HOLD 住了沒？論壇

　　面臨多變的社會與職場，究竟成人教育研究所要培養怎樣的研究生？成人教育的專業又如何定位？一直是成教所關切的課題。去年在了解學生年輕化的趨勢與期待後，我們辦「成教研究生了沒？」論壇，請來了在各個職場上用心工作的畢業校友及關心成人教育的學者專家們，討論從學校到職場成教所研究生總體上需要的知能。延伸下來，今年開始，我們將進一步對成人與終身教育領域中個別的工作逐一做一探究，期許這系列的論壇能開展學生投身各該領域的想望。

　　將學生送到社區中從事教育工作是很早就有的想法，但這不是一條簡單的道路。社區教育工作是全方位的，涉及生活的食衣住行育樂各種環節；社區樣貌是多樣的，隨議題及社區特性而有很大的差別。理想上，要和社區產生連結，除了對社區議題有一定的了解外，更重要的是走入社區，並向有經驗的人學習。然而現狀是透過學校裡獨立的一門門課程的探究，學生所學常常是支離破碎或者見樹不見林。我曾經嘗試用計畫本位學習的概念去組合我所教授的一些課程，帶學生參訪社區、將田野工作者導入課堂，要求學生從事較長期的田野工作，不過，終究抵不過現實條件的限制，如學生的參與意願和各門課程的屬性等，終至功敗垂成。

1　本文為 2011 年「社區，HOLD 住了沒？論壇」手冊序文。

學生的學習意願，其實涉及他們對於世界的理解和想像。對於沒有走過的道路，大部分的人都會有一點害怕。尤其，社區教育工作看起來不是傳統的職涯類別、聽起來好像工作很辛苦、薪水據說也不高。想到這種種，就會讓一些還沒摸到門道的學生打退堂鼓，何必跟自己過不去呢？然而，他們也可能沒想過僅求在傳統的職涯中得到一份薪水、一個固定的職稱，極可能讓自己在僵化的階層社會中過著食之無味、棄之可惜的日子。離苦得樂是人的本能，做任何事辛苦是自然的。不過，如果有一種工作能讓自己與服務對象從黑天暗地的生存議題中探出頭來，不斷讓自己看到生命存活的意義，那麼這份工作是值得獻身的。

話說回來，在目前的結構限制中怎麼將學生送進社區？幫助學生找師傅、找典範、擴大他們對自己如何成為社區教育工作者的想像，就變成本所教育設計過程中重要的一環。為此，這次論壇我們請來了諸多資深社區（教育）工作者，包括：臺南藝術大學的曾旭正老師、橋仔頭文史協會蔣耀賢理事長、青芽兒雙月刊的主編舒詩偉先生、美濃文化造鎮的謝瑞善先生、自然步道協會的林淑英老師、高雄市旗美社大的張正揚主任、臺南市北門社大藍美雅副校長，以及崑山科技大學的張金玉老師和本所畢業生方雅慧博士。說真的，僅從上述他們的頭銜難以真正道出他們長久以來在臺灣各個角落所做的社區（教育）工作的豐富內涵，並且我也不確定上述的稱謂是不是他們最喜歡的，但是可以肯定的是，他們為社區和社會所做的努力是讓人感動且直指人心的。

有位智者曾經說過：教育無非是心對心的傳遞。這句話聽來很古老，然而仔細想想，真正的教育不就是如此。回想自己

受教育的過程，儘管許多學科知識已經遺忘，當年曾經感動過我的老師們的身影和話語，總會在關鍵時刻穿過記憶從深處透脫出來。從心裡流淌出來的東西不是任何教科書可以取代的。可惜的是，現今的教育太過強調外在的知識、將知識孤立於社會文化脈絡之外教導，乃至於連文化脈絡也是被用切割的方式教授。傳統的師徒制已經在許多學門沒落了，師生關係也越來越淡然了。然而，這不意味著這個時代沒有師傅、好的老師，這次論壇我們請來諸多資深的社區（教育）工作者，從分享他們珍貴的經驗出發，期許用生命感動生命，啟動參與者對於如何成為社區教育工作者的想像。祝福大家找到獻身社區教育的熱情！

2011.11.19

大步跨出成為跨領域教育者 [1]

2012 年大步跨出！成人教育工作者的跨領域發展論壇

　　高雄師大成人教育研究所即將邁入第二十年。這意味著成人教育在臺灣作為一個學門已經有一段不短的歷史。回顧過去這段歲月，高雄師大成教所的研究生來自四面八方，有各級學校教師、公務體系者、社會工作者、社區教育者、人力資源發展者、新聞傳播者、醫護工作者。細數他們畢業後的生涯發展，或者將成人教育與原有的專業融合在一起，或者開展出第二專長，或者運用原有的專業開展成人教育工作。這種種情形突顯成人教育精彩的跨領域特性。

　　就以方案的提供者來看，成人教育機構的特性至少有以下幾類。其一為以提供成人教育為其主要目的之機構，包括空中大學、市民學苑、社區大學、長青學苑、樂齡中心等成人教育組織。其二為教育性機構，包括各級學校附設的補習學校、進修推廣部和成教中心，係以服務年輕人為其主要的任務。其三則為類教育性組織，它們視教育為其任務的重要的一部分，如博物館、圖書館、大眾媒體、民間團體及宗教組織等。其四為非教育性組織，它們並不將教育視為其主要的任務之一，譬如：業界中的教育訓練與繼續教育屬於這類。

　　其次，若就成人教育主要的內容領域來看，可包括如：補習教育、繼續專業教育、社區教育、人力資源發展、休閒教育，

1　本文為 2012 年「大步跨出！成人教育工作者的跨領域發展論壇」手冊序文。

以及公民教育等。再者，若就成人教育工作者而言，有第一線
的教師／培訓者、第二線的方案規劃（協調）者，及第三線的
行政決策者。其身分可能是全職者、兼職者與志工。

　　成人教育上述的跨領域特性，一方面讓這領域兼容並蓄了
多元的機構屬性和內容，然而另方面也讓這領域的專業的疆界
顯得鬆散，形成專業發展上困境。就以上述第一類以服務成人
為主要對象的提供者之機構屬性而言，除了空中大學之外，許
多機構如社區大學、樂齡中心都是計畫性質。更別談其他非以
成人為主要服務對象的機構，將成人教育視為兼辦性質。由於
兼辦性質，更突顯成人教育服務方案雖多，然而關於這領域嚴
格的訓練、知識、技能與價值的傳承與研究變得較難受到重視。

　　有學者提到，成人教育這樣的特性造成這領域邊緣性格，
並影響成人教育專業化的發展。不過也有學者指出邊緣化促使
工作者必須與更寬廣的世界接觸，並採取創新的方式解決和組
織問題，允許更多的創新作為。也因此，跨領域的協同合作、
強化並創造新的連結；從看見彼此的概念架構與核心價值異同，
到獲致共同認同的原則，對於成人教育知識的建構絕對有其必
要。也因為這樣的思考，我們期待透過這次論壇，整理成教所
過去以來跨領域的實踐經驗，探究成人教育跨領域新的思考方
式和發展方向。

2012.11.10

慈悲、智慧與勇氣的追尋

成人教學研究

　　教學是我生活很大的重心，而我的專業又在成人教育領域。這些幾年佛法的學習，深深地感受到所謂成人教育最終目的應在成就成人的生命品質。這樣想了多年。去年2月在一種既怕嚇走學生，又很想與學生一起努力的心，大膽地在我教授的「成人教學研究」課的教學綱要中寫下以下的教學理念：

　　　　成人教學是成人教育的第一線工作，直接傳達了成人教育核心宗旨。「成人」是成為（becoming）一個人的歷程。然而要引導學生成為怎樣的人？則是教師必須深自省思與定位的。儒家對於成人有其高度的期許，如：《論語》〈憲問篇〉中，子路問成人，子曰：「若臧武仲之知，公綽之不欲，卞莊子之勇，冉求之藝，文之以禮樂，亦可以為成人矣！」又《大學》有言：「大學之道在明明德、在親民，在止於至善」。儒家教育引導人的生命目標在於成聖、成賢，所彰顯的特質有三：慈悲、智慧與勇氣。當代教育對於智慧的重視甚深，慈悲與勇氣較少強調，然而它們並非不可教。其次，好的老師必然是個好的學生，因為他／她走過學生該走的路。他／她對於學生的期許一如對於自己的期許，然而知道學生的條件為何，能夠從而作適當的引導。在上述的理念之下，本課程嘗試透過教學活動設計，期許開展出有益於學習者未來做為成人教師知能的同時，

初步體認成人教師必備的特質——慈悲、智慧與勇氣的內涵與其下手處。

真的很歡喜,能夠將所學與自己和他人生命做深刻的連結;也感恩學生給我機會,和我一起為生命的提升而努力。或許有人會好奇,經過一學期,修我課的學生們真的長出慈悲、智慧與勇氣了嗎?可以肯定的是,我們都種下一個很好的因,相信往後更多的機緣出現時,埋在我們心中的悲、智、力的種籽就有發芽的機會。

2010.2.16

教學相長的馬來西亞授課之旅

非營利組織與社會企業研究

過去一週很特別，我赴吉隆坡教授「非營利組織和社會企業研究」課，是高雄師大的境外碩士班的一門課，老實講，非常緊張。3、4 月時，我花了一些時間去認識這個國家，包括與高師大合作的組織——馬來西亞華校董事聯合會總會（董總），它本身就是一個非營利組織[1]。因為不懂來龍去脈，即便閱讀了董總 2018 年的教育報告書，還是一頭霧水。一週前，懷著忐忑不安的心情搭上了飛機，抵達吉隆坡。

上課的第一天，我向學生們坦承我對於馬來西亞社會的陌生，然後就硬著頭皮上場。第二天課程進入了非營利組織發展的社會脈絡。我除了提供期刊文章，並製作了簡報，過程中則請同學們對於馬國歷史發展的各個階段多做補充。半天下來，我終於鬆下一口氣，並略知族群問題如何左右馬國政治與社會的發展。

雖說同學們對於非營利組織和社會企業的認識有限，不過生活中多少還是有些接觸，只是他們並不了解那些組織可以如何與他們產生連結。在大家互通有無之下，我們不僅認識了許多馬來西亞的非營利組織和社會企業，課堂教授的概念開始在同學們心中發酵，消費行為不再是那麼理所當然，公益行動可

1　董總於 1954 年成立後，即積極與馬來西亞華校教師會總會（簡稱「教總」）攜手爭取民族權益。在反對不平等的文教政策的前提下，兩大華教最高領導機構結成親密戰友，合稱「董教總」。

以有多種的途徑和作法。

　　小組報告時，同學們從書上各國社會企業案例中延伸閱讀，進而找兩、三個馬來西亞類似的案例做一一比較分析。在很短時間內，一些關注性別、街友，難民等議題的社會企業躍入課堂討論之中。感受到這項作業促使同學們更加認識他們所處的社會文化環境，並把原本個人對某一議題的關懷，提升到較寬廣且深刻的層次。譬如，同學們從協助街友的社會企業，一路探查街友形成的原因，乃至探究到國際難民的議題。還有同學探討以故事的力量發動的社會變革，以馬國為主題的電影說故事，在推動社會變革之餘，也帶動當地華人電影文化的發展等。

　　最後，我讓同學寫下他們的行動方案。此刻坐在案前批改作業、閱讀回饋，感受到他們點滴的善心，誠如其中一位同學所說：「雖然我很渺小，但我會盡個人最大的努力做對的事。」再一次，肯定我在工作崗位上支持非營利組織和社會企業是明智之舉，謝謝這一班同學相伴成就這場教與學之旅。

2019.6.9

熱氣球冒險之旅

數位時代成人學習研究

　　昨天本學期「數位時代成人學習研究」課最後一堂，我以隱喻為例，說明隱喻裡往往蘊含文化中習而不察的假設，並讓學生們即席從教室中找一個東西形容這門課。學生們的答案五花八門，然因時間之故，我沒讓學生深入發表他們的想法，不過在回家的路上，自問：我會用什麼隱喻呢？「熱氣球之旅」浮上。

　　話說在去年一場演講當中，我接觸了設計思考，發現它非常契合我的想法。設計思考以顧客／學習者為中心，它的五個解決問題的步驟：同理、定義、發想、原型，以及測試，反映發散與收斂思考兩者的反覆循環，不僅有助於培養學生的思考力，更可務實地從事方案規劃與論文撰寫。

　　為此我準備了大半年，去圖書館借書、上網路課程自學，為自己添加讓熱氣球（設計思考）上空的燃料。如在暗夜摸索，柴火有時像天際流星一閃而逝，還好逐漸地熱氣球開始成形。

　　我將設計思考規劃成這門課的一小部分，共五週的課程，將之整合進入小組作業「成人數位學習問題解決方案之設計」當中，要同學們針對所關心的成人面臨的數位工具使用上的問題，運用設計思考的五步驟，提出一可行方案。

　　做上述的規劃，是因為在既有的教學目標下、有限的時間內，必須審慎考量這熱氣球的承載力。老實講，期初課程綱要發放給同學們時，我還不是很確定，我的火力是否足夠撐起這場熱氣球之旅。

　　這五次課是規劃在期中，因為我必須對學生的特性有些認識，並且讓他們對成人學習與數位媒體有基本的認識，就像熱氣球升空必須視天候狀況而定，並且學生搭上熱氣球前，必須有所準備。所以，在前面的「成人學習管道」單元中，我就運用 KJ 法，讓同學們分組練習將常用的學習管道加以歸納分類、命名，除對於成人學習管道有較深的認識，且讓學生對於發散思考與收斂思考過程有初步的體會。

　　熱氣球要順利上空，添加適當且充足的燃料是關鍵。謝謝博士班子明同學來課堂幫我帶領入門的體驗課程，讓學生們對設計思考有整體的認識，我也藉機會檢查備料是否需要調整。顯然那三小時的設計思考初體驗燃起學生們的動機，很快地各組同學開始設定對象與主題，例如有一組構想「打造針對 X 世代（四十到五十五歲）成人學習使用行動支付的懶人包，讓更多人認識進而開始使用行動支付」。

　　後續四次課程採循序漸進、參與和實作的原則，學生在各週之間密集地進行田野工作，運用所學的概念與方法進行資料蒐集與彙整，並在課堂中進一步收斂或擴散。過程中我戒慎恐懼、且戰且走，看天候狀況、乘客反應，調整火力，絲毫不敢懈怠。

　　設計思考中強調「限制」反而會幫助創新設計。的確，可行性、需求性與存續性是我這次熱氣球之旅擁抱的原則。只求在有限的時間裡，熱氣球安全升空、降落；不企求看到多宏偉的天際，但求參與的成員未來都願意搭乘熱氣球遨遊天際。此刻，我尚未著手批改作業，然而滿心歡喜，因為我完成上述的想望，謝謝這班同學一起冒險！

2020.6.25

夢想的力量不容小覷

移民與成人教育研究

　　期末最後一堂課，那天桌曆上的佳句是：「人生最大的冒險就是為夢想而活」，讀了我直覺反應是：「人生最大的冒險就是不為夢想而活，庸庸碌碌過一生」。就是這樣的信念，這學期我將「跨國婚姻移民教育研究」課轉型為「移民與成人教育研究」課，開學之際，我沒有太大的把握，只是憑著一股熱誠和去年上半年休假的惡補就上路。

　　在大學教書最大的福分是能夠追夢，將自己所知、所想的設計成為課程的一部分，然後去實踐。一學期有十八週，如果這週沒教清楚，下週還是可以繼續，層層地堆疊出自己對於所教主題的認識和理解。雖說我一向照教學綱要操課，整個學期下來，究竟學生學到些什麼，我還是非常好奇。因此，最後一堂的回顧與展望變得很重要。

　　這些年我要求學生繪製課堂所學的心智圖，並於最後一堂課逐一發表，期待學生再次複習整學期的課程，並加深他們後設思考的能力，而我則可以從中知道學生究竟學到些什麼。

　　或許是在這門課中，我特別強調掌握關鍵字，許多同學的心智圖都能從課程主題內容和活動中提煉上位概念。翊芸的心智圖是用手繪的，一大張圖畫紙密密麻麻，經她解讀條理分明，突然發現原來十八週我們這班共同經歷如此豐富的學習。

　　這門課內容規劃從具體到抽象。始於觀察媒體再現的婚姻移民和移工現象，前面幾週看似輕鬆，因為沒有繁重的文獻閱讀。期中導入移民產生的背景脈絡及移民母國文化和相關的議

題，期末才進入多元文化教育理念和教案設計。這中間我們還邀請實務工作者來演講，及移民朋友來討論，從小說一窺東南亞文化。

儘管如此，好幾位同學提到這門課作業很多、閱讀文獻也多，負荷頗重，不過上課是愉快的。因為沒有事先分配同學導讀文章，而是上課時讓大家自動講說一小段落的內容，同學表示：這意味著每篇文章大家都要讀。或許是這樣同學們的參與度大大提高，課堂中激盪出來的火花往往難以預料。

許多同學提到選課之初並不認識移民議題，也不認為這主題與他們有何關係。經過一學期，從陌生到同理，還能反觀社會中種種，不僅是針對移民的歧視現象。人與人之間的同與異反覆出在他們的反思當中，夢想和認同亦然。同學們對移民議題的認識提升到關乎性別、族群、階級，以及國家認同層次。走過這門課，我真的覺得學生潛能無限，不容小覷，而夢想的力量就在此。

2022.1.16

識讀繽紛的風景

成人識讀教育研究

逢緣觸發眾善相隨

這過去一學期的「成人識讀研究」課學生和我都上得很開心。我們也都忙翻了，尚好大家都樂在其中。語言文字是用來認識世界的，識讀（literacy）就像用手指月亮，重點在看見月亮。這學期課程學習的主軸在健康識能，學生要進行八週的健康改善行動計畫，藉而體會識讀的內涵和增能作用。

除了基本的閱讀材料外，從第一堂課開始，我總會隨機指派學生檢視他們吃的、用的東西，乃至討論的話題。譬如，有學生帶瓶裝水到課堂，就請她查詢各種塑膠瓶材質編號的特性；見到學生課間吃漢堡，則讓她去查詢市售漢堡的熱量成份。依此類推，學生帶來分享的鳳梨酥，當然也要附帶了解市售食品營養標示。於是我們認識到基因改造、有機農業，以及在地食物運動等。

為釐清林鳳營鮮乳爭議事件，學生除主動追蹤分析相關的資訊外，還帶來三種品牌鮮乳讓大家盲測；逐一檢視大眾拒喝林鳳營鮮乳的假設，如產品不安全、新聞網路報導，及抗議司法不公等問題的癥結。在課堂中，透過充分的討論，歸納爭議所在，不僅釐清各自的盲點，還覺察到各自立場背後的訴求，更看到食安事件中結構性問題。

再說學生的健康改善行動計畫部分，我們採取問題導向學習方式，每週反省逐步修正。因為所學結合到自身關心的議題，

學生對於健康資訊和相關議題變得更敏感，觀察與反思的角度也更開闊。

逢緣觸發，最後一堂課我們移地教學，只因有學生發現學校附近有一家「木葉粗食」餐廳，店裡書架上陳列著這學期我們上課的兩本教科書《新世紀飲食》和《一座發燒的小行星新飲食方式》。去了之後，我更發現店裡還有《寂靜的春天》中文和英文版本。一問之下，那家店是在 2015 年世界地球日開張的。印證了有願必有力，業增長廣大，很歡喜又結識了一家綠色友善餐廳。

2016.1.19

跨域的識讀學習

學校保健中心有一台體重計，除了體重之外，還可以量測到內臟脂肪、體脂肪、體幹脂肪、BMI、基礎代謝率、體年齡、骨骼肌。究竟這些數字代表了什麼意思？正常值的範圍為何？追追追，X 伊發揮識讀的力量，解讀那些數字的意涵，以及它們和個人健康的關係。進而從分析各種運動（如肌耐力、有氧）中找到適合自己的方式。還因為課堂中閱讀《寂靜的春天》一書，掀開一連串關於環境議題自發的學習。

為將自己的內臟脂肪數值降下來，X 儀深入了解內臟脂肪的內涵，過高對於身體的影響、如何量測，以及改善方法等。花了足足三個多月調整飲食、運動和睡眠，並且用圖表、文字，及數字，鉅細靡遺地記錄過程中的各種發現，以及心路歷程。老實講，看到她的報告還真是震撼。然而，窩心超過震撼，X 儀的健康改善計畫還帶動家人運動和及早就寢息。

在國中當老師的 X 均苦惱每天晚上接不完學生 Line 簡訊，詢問課業一直到半夜。盤點自己的健康狀況，她檢視到作息不正常這點，學著教導學生在適當的時候提出問題，並且做了改變，真的是一舉兩得。有趣的是，X 均因為運動體會心靈層次的內涵，雖然這點不在課程原先的規劃中。

在同儕的勉勵下，X 惠踏上體重計，決心進行鮮蔬減重新生活計畫。誠如她自己說的，改變需要很大的決心。在學業、家庭與工作三頭燒的情況下，X 惠自製蔬菜盒，不僅嚐到有機蔬果的甜美，更帶動家人的飲食習慣的改變。孩子陪在旁邊一起洗菜、遞碗盤，親子的互動大增，將美美的蔬菜盒上傳分享在臉書上，引來朋友們熱情的諮詢，製作蔬菜盒療癒身心靈效果超出她做作業的想像。

能將自己的興趣融入專業，又能利益到學生，無疑是一件幸福的事情。我關心環保議題，在「成人識讀教育研究」課程中，讓學生從識讀的內涵出發，閱讀健康相關的資訊，從個人健康到環境議題，結合反省與實踐，進而看到知識在學生們身上綻放出繽紛的風景，真的很開心！

2018.7.7

識讀有大用！

從成人識讀教育衍生的教學實踐

　　這學期在博士班的「核心能力與國際成人識讀教育專題研究」第一堂課，我分享了多年來一路對於識讀內涵的體會。從在陌生國度求學的經驗談起，在使用英文中照見中西文化的差異，怎麼說「蜻蜓」都比「dragonfly」（龍蒼蠅）來得美，更不用說「蝴蝶」怎麼變成黏答答的「butterfly」？對於漢字六書構造法更多了一份想理解的心。一份作業三種挑戰——寫作、打字與電腦的使用，讓我在 2003 年左右面對僅因不熟悉注音符號，卻被標籤為不懂得教小孩的新住民母親多了一份同理。

　　過往求學時並沒有修過成人識讀教育課程，只因直覺這門課很重要，三十年前就自發地開設它，真的是從無到有的自學。從閱讀文獻，釐清核心概念開始，接著了解學習者特性，除了從事全國性調查研究外，還從事行動研究，產出教材教法，編撰教科書，到 2007 年對於這領域的理解終於有了突破，也撰寫了《成人識讀教育的可能性》[1]一書，不過心情反而沉重。

　　畢竟教育的功效並非立即的，對於低識字者的同理，讓我懷疑識讀教育的作用，敵不過原生家庭的教養、貧困的生活泥淖，以及教育政策與社會制度等結構性問題。在書名中採用「可能性」一詞，只是深刻地相信：識讀的效用會累加、加乘，能讓人有機會因為閱讀文字而看到世界，眼界開了，生命的機會

1　何青蓉（2007）。**成人識字教育的可能性**。高雄市：高雄復文。

就會增多。

　　回顧這一路「成人識讀教育研究」課中，識讀的內涵從基本識讀，擴展到健康識能（health literacy）、媒體識讀（media literacy）及環境素養（environment literacy），教學重點放在協助學生於行動反思中體會識讀的增能作用。反映時代趨勢，現在博、碩士班這門課將「核心能力」納入其中，改名為「核心能力與（國際）成人識讀教育（專題）研究」。

　　2002 年新住民的中文識讀議題獨立出來，延伸開設了「跨國婚姻移民教育研究」。三年前更將移工議題納入，調整為「移民與成人教育研究」，課程重心之一則放在協助學生發展跨文化能力。

　　此外，大概在七年前，為凸顯數位時代的重要性，我不僅將「成人學習研究」改名為「數位時代成人學習研究」，並且將資訊素養（information literacy）融入其中。雖說自己身為數位新住民，從那時起更嘗試運用各種數位工具、修習磨課師課程（大規模線上課程，MOOCs），乃至製播數位節目等，設法讓識讀在自己身上產生更大的力量。

　　回首三十年教學生涯，書架上竟然有超過五十本成人識讀研究相關書籍。雖然還是有些遺憾部分的書並沒有仔細閱讀，然而借用清末民初國學大師王國維的用語：「入乎其內，出乎其外」，歡喜對於識讀的大用有更深一層的體悟。

2023.2.26

堂堂溪水出前村

三十年課程與教學實踐模式

　　這些年在各門課程的教學中，我漸次地發展出 SPA 架構模式，包含認知鷹架（cognitive scaffold）、研討平台（discussion platform）及行動方案（action plan）（如圖）。開始時是專為輔助問題導向學習而設計[1]，然而到後來我發現這模式根本上可運用於所有的課程教學當中。

　　首先，在認知鷹架方面，指的是採用如：文本材料、影片、專題講座，以及校外參訪等進行各門課程主題內容的學習，並且從實際案例問題研討出發，進到抽象概念的學習。其次，在研討平台方面則運用實體的課堂和虛擬的數位平台，提升學生參與動機，形成同儕間相互支持。並且，透由分享與討論，學生們逐步加深、加廣學習的內涵，並建構學習的意義。其三，在行動方案方面，則是透由設計學生個人和小組作業，促進學生將閱讀和研討的內涵與實務做進一步的對話，由學生們主動蒐集資料、進行實地訪談，體會到所學的抽象概念的內涵，並結合自身的生活和生命經驗，建構個人學習的意義，發揮了整合課堂所學的功能。

　　SPA 架構三項核心元素：認知鷹架、研討平台與行動方案環環相扣，倆倆交會處為問題情境設計，而三者共同交會處則為反思與合作學習。當然實際應用上，我會依照學生需求和特

1　何青蓉（2021）。從破除刻板印象到提升跨文化能力：跨婚姻移民教育之課程教學實踐探究，**台灣教育研究期刊**，2（3），頁 184。

性、各門課的屬性微調三大元素所佔的比例，然而無論如何透由問題情境設計連結三大元素，共同促成反思與合作學習則是一致的。

　　經過多年的教學實踐，我發現：認知鷹架提供學生研討與反思的基礎；研討平台豐富師生學習的廣度與深度；行動方案則提供學生進一步從事個人與小組作業的基礎。反思與合作學習係為啟動學生問題意識的關鍵，而問題情境設計必須基於充分的認知鷹架支撐、開放的研討平台的提供，以及有意義的行動方案的實作。這也讓我越來越能夠在課堂上看見學生的眼睛透出的亮光，更體會到教學相長的樂趣。

2023.5.22

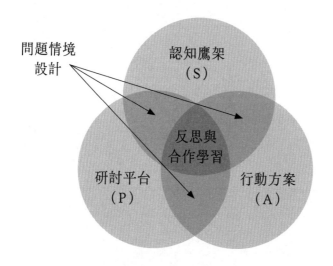

圖　輔助問題導向學習課程設計之 SPA 架構

悅讀

只緣身在此山中

橫看成嶺側成峰，遠近高低各不同。
不識廬山真面目，只緣身在此山中。

——蘇東坡〈題西林壁〉

成人教育與研究

成人教育是什麼？－《成人教育的專業與實務》

　　成人教育究竟是什麼？在專業化的辯論中，關鍵性的議題為何？是否有一個能夠反映成人教育實務的價值和哲學的專業化模式？《成人教育的專業與實務》一書[1]引徵豐富的資料對上述問題作了相當精闢的分析。

　　全書分為三部分，在第一部分四章中，先對於成人教育的基礎，包含定義、哲學、歷史與相關議題等，做一描述與論析。提醒讀者，成人教育的定義常因教育工作者所站的位置看到不同的面向而有所不同。因而，這個領域究竟應包含哪些範疇，存在著一些競爭性的概念、議題和緊張性的關係，這些問題又在本質上關聯到不同的歷史與哲學取向，譬如：成人教育是否應致力於統一其領域或保存它分歧性的特色？又如成人教育應與其他的教育部門保持哪種關係？還有成人教育究竟其重點應放在個人或社會？

　　第二部分描述成人教育的組織和提供的情形。北美成人教育機構反映出一種分權的現象，第五章引述不同學者的區分架構，說明正規成人教育機構的類型與特性。第六章回顧學界對於學習者的了解和成人學習的本質。第七章從全球化的觀點探

1　Merriam, S. B., & Brockett, R. G. (1997). *The profession and practice of adult education.* San Francisco: Jossey-Bass.
　　本文改寫自何青蓉（2000）。書籍介紹：成人教育的專業與實務。**成人教育雙月刊**，**58**，54-56。

討各國成人教育的相似性與差異性。第八章就全球的觀點討論成人教育機會的問題，包括：地理的、人口的、社會經濟的，及文化的狀況。這些狀況的每一種本身都彰顯了權力和控制，亦即，掌握權力的團體，由於其地理位置和社經地位等控制了教育的管道。之後，分析三個領域：政治、教育和科技對於這些議題的回應。

　　第三部分共有三章，主要討論成人教育領域專業發展的問題，並架構其未來的發展。第九章的討論圍繞著三個問題：專業化的內涵為何？成人教育領域到目前為止專業化到什麼程度？專業化是不是真的造成一些不同？第十章特別提出在主流的成人教育中一向較沒有被認識到的部分。在第十一章中，作者強調成人教育知識的本質包括正式的知識基礎和非正式知識。後者的來源可包括：大眾文化、實務中產生的觀念。並討論成人教育中普遍受到爭論的證照與倫理的議題。最後，作者主張反省性實務是未來成人教育專業化發展的方向之一，這觀點不僅可免除僅是應用知識技能的取向，朝向更整合的理論與實務，而且在過程中可將實務回歸植基於其脈絡之中，跳脫傳統上主流與受排斥於外的成人教育的分野。

2023.6.1

凡走過的必須留下痕跡—《成人教育思想論文集》與《成人教育：一個大學新生的研究領域之輪廓》

　　三十年前我剛回國任教時，臺大農學院院長吳聰賢教授聽到我從美國威斯康辛大學繼續與職業教育研究所畢業，當場認我為學妹，這到底怎麼回事？沒錯，我們畢業於同一系所，只是不好意思高攀了，就我所知：吳教授和我的成人教育哲學教授艾伯斯（J. Apps）是同班同學。

　　這也難怪吳教授早在 1992 年就主編了一本《成人教育思想論文集》[1] 序言中直陳：推廣教育被視同繼續教育或成人教育，而成人教育哲學是他在農業推廣學研究所開設推廣教育哲學的主要參考資料。想來也不奇怪，在農業時代成人教育自然會以廣大的農民為對象，農業推廣更是主流。

　　這讓我更加堅定相信：了解一個學門的來龍去脈，對於該學門的根本理念與未來的興革絕對有幫助。以美國成人教育學門為例，1964 年的黑皮書《成人教育：一個大學新生的研究領域之輪廓》（*Adult Education: Outlines of an Emerging Field of University Study*）記錄了這學門的誕生，之後 1991 年的黑皮書《成人教育：一個發展中的學門之演化與成就》（*Adult Education: Evolution and Achievements in a Developing Field of Study*）[2] 出版之際，美國大學的成人教育系所已從當年的十六個，

1　吳聰賢主編（1992）。**成人教育思想論文集**。臺北市：師大書苑。

2　Peters, J. M., Jarvis, P., & Associates (1991). *Adult education: Evolution and achievements in a developing field of study.* San Francisco: Jossey-Bass.

二十七年間成長到一百二十四個。

　　高雄師大成人教育研究所創所迄今剛好滿三十年，回顧這段披星戴月的日子感概頗深，當我們各自戮力於研究或實務推展之際，對於成人教育學門的作為似乎有必要做一些整理、反思及建言。第二本黑皮書重點在描述成人教育學門的進展及它對於社會變革的潛力，其內容大要分三個部分，對我、同儕及學生們都是很好的提醒。

　　第一部分為成人教育領域的發展，含理論與實務關係的改變、研究如何產生知識、正式知識基礎的演化、知性領導的影響、成人教育知識使用與傳播、研究所的成長與未來。

　　第二部分則為成人教育多學門的面向，含成人教與學之心理學、教育領導與方案行政、社會學與成人教育之批判觀點、哲學基礎、與政治學的關係，以及從學門歷史中的學習。

　　第三部分則為形塑未來的勢力與趨勢，含對於知識發展之國際影響力、社會、專業及學術議題等。最後一章更就成人教育學門的知識基礎、與其他研究領域的關係、研究派典、理論與實務、研究所課程，以及國際活動等提出一些推進的想法。

　　以史為鑑，可以知興替，尤其在這快速變遷的社會中，但前提是凡走過的必須留下痕跡，才有反省總結的材料，花點功夫先將經驗留下來，這在做任何事情都一樣。

2023.2.13

專業的允諾－《成人與繼續教育手冊》

一個領域的專業化，知識體系的建構是關鍵。在國內，成人教育研究成為一個學門也不過是這三十年的光景，參考國際成人與終身學習理論與實務經驗至為重要。因此在高雄師大任職多年來，除了個人的研究主題外，我會不定期向學校圖書館推薦新書，尤其是相關的工具書，自己也會同步購買這些書籍。

其中美國成人和繼續教育協會每十年出版一本《成人與繼續教育手冊》（*Handbook of Adult and Continuing Education*）從 1991 年、2000 年，到 2010 年版 [1] 我書架上都有，這些手冊除讓我對於國際成人教育領域的進展能有初步的認識、思辨新興或爭論性的議題外，也有助於教學內容的與時俱進。

以 2010 年版為例，內文共含六大單元：成人學習者與成人學習；知識、理論與實務開放交換之創新；成人與繼續教育的實務領域；多樣性的成人學習領域與合作的作為；社會正義的中心性，以及成人與繼續教育的未來。每一單元下又各自有諸多的主題文章，記得我曾以最後一單元中的一篇〈知識社會的弔詭和允諾〉（Paradox and promise in the knowledge society/ E. E. Bennet & A. A. Bell）做為上課教材。

該篇文章指出，知識社會的弔詭不僅在於「知道的越多，

---

1 Kasworm, C. E., Rose, A. D., & Ross-Gordon, J. M. (Eds.) (2010). *Handbook of adult and continuing education.* Los Angeles: Sage.
　Wilson, A. L., & Hayes, E. R. (Eds.) (2000). *Handbook of adult and continuing education.* San Francisco: Jossey-Bass.
　Merriam, S. B., & Cunningham, P. M. (Eds.) (1991). *Handbook of adult and continuing education.* San Francisco: Jossey-Bass.

發現自己知道的越少」，更在於參與知識社會不但強烈倚賴基礎建設（infrastructure），也取決於文化和社會如何規範資訊的近用。群體的價值觀可以限制資訊的流動，因而決定「誰」可以參與知識社會。不論是私領域或公領域，專家都有可能成為新的壓迫者或開放門戶者。換言之，知識民主是關鍵。

　　再者，傳播科技和網際網絡持續改變知識創新時使用資訊的型態。科技的弔詭在於它可以是隔絕人們的圍籬，也可以成為跨時空的橋樑。這時代既是片斷化的，也讓新的聯盟和互動產生機會。當個人參與科技提供的新的現實之際，他們的生活世界已然改變，價值觀也收到挑戰。不過，即便虛擬的環境可超越物理的限制，然而成人仍然需要堅實的關係技能。

　　退休將屆，重讀上述文章的筆記，深刻感覺到身為教育者的責任，尤其在這懶人包盛行的時代，期勉自己持續推介好的書籍和文章。巧的是赫然發現我沒有讀過最新版次 2020 年的手冊，趕緊上網推薦給學校圖書館，留給有志一同者接棒為成人教育專業化而努力。

2023.3.2

學尋出路－《面臨十字路口的成人教育—學尋出路》

　　好多年沒採用《面臨十字路口的成人教育—學尋出路》[1]（2002 年）作為教科書。這學期初左思右想，還是將這本書重新納入「成人教育理論專題研究」課程之中，心情就像書名徘徊在十字路口找出路，一個個問號冒出。

　　什麼是適合的教材？理想上好的教材要能讓學生能夠見樹又見林，既具廣度又具深度，但是若將學生的特性考量進來，最實際的問題是他們能夠消化吸收嗎？尤其成人教育研究所學生來自各行各業，許多博士班學生並沒有教育或社會科學背景，光熟悉各該理論，並將之放入社會發展脈絡中思考，就已經是個沉重的負擔，如果再加上各該理論的哲學背景和理論基礎，學生受得了嗎？

　　再者，二十多年過去了，國內成人教育界不僅諸多理想仍懸在各種報告書之中（如 2021 年教育部發布的《學習社會白皮書》），學術研究人才斷層卻逐漸浮上檯面，在高等教育通貨膨脹的情況中，下一階段接棒者何在？尤其在實用主義當道的此刻，又有多少學子關心這學門原本自許的理想為何？及這學門專業發展面臨的危機？

　　好書是經得起時間的考驗，就這樣我找回《面臨十字路口的成人教育》這本書，搭配重要成人教育理論研讀，期待學生

1　Finger, M., & Asun, J. M. (2001). *Adult education at the crossroads: Learning our way out*. London: Zed Books.
　　王世哲等譯（2002）。**面臨十字路口的成人教育—學尋出路**。臺北市：巨流。

不僅理解各該理論的哲學背景，也能思考成人教育遭受的諸多衝擊，如：加速資本主義、國家與傳統政治的腐蝕、後現代主義以及生態危機等。

這本書是我第一屆博士班學生們翻譯的，2001 年英文版甫出版立即成為我課堂的教科書，同步將之翻譯成中文，隔年2002 年正式出版。當年我曾經為它撰寫推薦序，再度翻閱此書，依然相信唯有將它放到社會行動與改革觀點之中，成人教育方有出路。

順道一提，說起這中譯的過程，特別感謝卡寧翰（P. Cunningham）教授於應邀參加第三屆全國社區大學研討會時將之帶到臺灣，以及當年屏東社區大學主任黃申在博士（本職屏東科技大學教授）大力促成。

2022.11.13

行動研究是什麼？－《經由行動研究創造實用的知識：提出問題、解決問題，改善日常實務》

　　很喜歡這本書的標題─《經由行動研究創造實用的知識：提出問題、解決問題，改善日常實務》[1]。一方面，對於實務工作者而言，若能透由系統化的思考，解決他們工作中所面臨的問題，那樣的研究可謂物超所值。另一方面，在行動研究中，知識的產生是透過系統地發掘研究的參與者在具體情境中行動的意義結構，知識不再只是由少數學術社群的人所控制。就此而言，行動研究挑戰了學界對於知識本質的看法，包括知識應如何產生、誰擁有知識，以及研究目的何在。所以多年來不僅我自己，我也鼓勵學生們以他們實務上遭遇的問題為題從事行動研究。

　　行動研究通常包括四個核心的步驟：規劃（決定如何處理問題）、行動（履行計畫）、觀察（注意並記錄所發生的事情），以及反省（分析結果和修正下一個行動循環的計畫）。這四個步驟構成一個循環性的反覆過程。換言之，行動－反思－行動的過程是行動研究最根本的模式。

　　行動研究是種協同合作式研究方法（collaborative research method），整個過程是在研究者與被研究者相互接受的倫理架構中進行，藉由研究者與研究對象通力合作，以發展或改善他

1　Quigley, B. A., & Kuhne, W. G. (1997). *New directions for adult and continuing education, No. 73: Creating practical knowledge through action research: Posing problems, solving problems, and improving daily practice.* San Francisco: Jossey-Bass.

們的行動、理解和處境。儘管如此，研究者與被研究者的合作關係，可能因研究者的看法與目的而有顯著的不同。

　　關於這點本書有精彩的辯論。彼得斯（J. M. Peters）在第四章批評本書編者與其他作者，認為這本書各章所討論的案例反映出的合作關係，其實只是人們在一起工作，彼此幫助（cooperation）而已，並非真正地相互分擔勞務，一起工作以創造某些事物的通力合作（collaboration）。其他各章所討論的參與（involvement），毋寧說是種被動地捲入或牽連，而沒包含主動的分享與取得的真正的參與（authentic participation）。因此，批評本書編者所提出的行動研究，採取的是一種典型的問題解決模式，正好掉入哈伯瑪斯（J. Habermas）對於知識建構分類的「技術性」知識類型當中，而無法得達到解放性目的，以改進實務工作者對其社會或教育實務的理論基礎與合理性的判斷，或者改變行動研究所在的背景脈絡的系統。

　　關於上述的質疑，編者於最後一章提出辯駁，想知道編者是如何回答，請參閱以下我的書籍介紹[2]，或者閱讀原書。本書的特色在於除以編者主導的篇章說明編者所主張的行動研究內涵外，更提供機會讓不同的聲音（J. M. Peters）檢視前面各個章節，提出一些根本性的問題和議題，最後編者並就各該問題與議題進行辯駁和討論。雖然，明顯地可看到編者與彼得斯的意見仍然不一致，然而這種撰述方式刺激讀者更清楚思考行動研究本質上的議題，值得稱許。

2023.7.31

2　本文改寫自：何青蓉（1998）。書籍介紹：經由行動研究創造實用的知識──問題提出、解決與日常實務的改進。**成人教育雙月刊**，**45**，55-56。

向希望前行－《一座小行星的新飲食方式》

　　擔任教職三十年，面對急遽的社會變遷，感受到資本主義的威脅、消費主義和教育爭奪戰場，又眼見生態危機日益嚴重，老實講心情日益沉重，不過既自許為教育工作者，似乎沒有悲觀的權利。尚好在世界許多角落還是有令人振奮的事情，《一座小行星的新飲食方式》[1]就是其一。

　　這本書介紹了全球五大洲九個案例，我曾多年以這本書搭配《成人教育的十字路口；學尋出路一書》所主張的參與式行動研究取向做為案例研讀，曾經它還一度絕版，不過很快就再版了，因為書中誕生了兩位諾貝爾和平獎得主：孟加拉鄉村銀行（Grameen Bank）的創始者尤努斯（M. Yunus），及領導肯亞綠帶運動（Green Belt Movement）的萬加瑞（W. Maathai）。

　　孟加拉鄉村銀行是社會企業的先驅，創立於 1976 年，透由小額信貸給貧窮婦女增能她們。迥異於傳統銀行，該行依靠十六項借款決定引導借款人採取積極的生活方式。譬如第十一項為「我們不會在兒子的婚禮上收嫁妝，也不會在女兒的婚禮上給嫁妝。……我們不實行兒童婚姻。」

　　綠帶運動自 1977 年創立以來，已在肯尼亞種植了超過五千一百萬棵樹。除了在基層、國家和國際層面開展工作促進環境保護外，更致力於賦予社區權力，尤其是婦女和女孩；促進民主空間和可持續生計，改變婦女的生命處境。

　　本書中文的書名是英文版的副標題，英文版名稱為《希望

1　法蘭西斯‧拉佩（Frances Moore Lappé）與安娜‧拉佩（Anna Lappé）著；陳正芬譯（2002）。**一座小行星的新飲食方式**。臺北市：大塊文化。

的邊緣：一座小行星的新飲食方式》（*Hope's Edge: The Next Diet for a Small Planet*）。作者是一對母女，母親法蘭西斯・拉佩在 1971 年就曾寫了《一座小行星的飲食》，探討為何在富饒的地球上會有飢荒？延續上述思考，本書中挑戰五個思維陷阱：

1. 糧食不足是敵人，不斷生產才得救；
2. 人不為己，天誅地滅；
3. 聽專家的準沒錯，要不就將一切交給市場決定吧；
4. 見樹不見林；
5. 沒有什麼比資本主義更好了。

　　作者認為選擇希望是一種有意義的冒險，代表逐一檢視支配我們的觀念。新的戰爭是以觀念為武器，觀念決定世界的樣貌與希望。如果想獲得新的希望，或在面對絕望的錯誤訊息中保持希望，一定要讓所有的知覺敏銳起來。真心認同作者所言：「改變個人無法與轉化社會分別進行；當內心更有力量時，便能覺察更廣大範圍內的變化，一旦相信自己有能力改變世界，我們也將隨之成長。」事隔多年重新翻閱，振奮之情猶存，推薦給大家。

2023.1.10

成人教育哲學與目的

教育目的何在？—《民主社會中教育上的衝突》

> 試圖使人變壞的任何制度都不是教育，而是別的東西。
> ——赫欽斯

　　開學了，課堂上學生面有難色地表示：過去當學生上課只要聽聽課，所以不知道如何主動參與、要說些什麼，更不知道如何思考。腦海浮現赫欽斯（R. M. Hutchines）的《民主社會中教育上的衝突》[1]駁斥的四個教育學說，分別是適應環境說、滿足直接需要說、社會改造說，以及理論的拋棄。

　　在適應環境說中，教育目的在使人適應於無論是好的或壞的環境。赫欽斯指出，建立在這種理論基礎上的教育制度，最終必定要成為一種不講價值的制度，正好與「教育」這名詞相矛盾。

　　滿足直接需要說主張：為了取得符合目前定義的成功，個人需要具有做事情的能力，而且社會為了取得相同定義上更大的成功，也需要有人來做事，而這些事情大多數是為了物質財富服務。這學說導致我們根據社會承受的壓力，來決定教育內容。

　　至於社會改造說，赫欽斯表示，把教育制度看作是使社會改造計畫的工具是危險的，也是無效的。因為這會取決於不同改造者的想法、個人名望，及他們對教育制度施加的壓力。

　　所謂的理論拋棄說，即無需任何學說，不正視教育制度的

1　赫欽斯著；陸有銓譯（1994）。**民主社會中教育的衝突**。臺北市：桂冠。

目的，教育的根本信念和內容不相干，如此所形成的教育計畫就要由教師的利益和受教者利益之間的張力來決定。在我看來就是在各個利益關係人主張之間的拔河，任憑聲音量而擺盪。放眼當前教育，不就充斥著上述四種學說嗎？

在駁斥上述學說之後，赫欽斯主張：教育目的在改善人，人的改善指他們的理性、道德、精神的力量的最充分的發展。個人是社會的心臟，社會的改善不是經由學校或其他的途徑逼迫推行社會改造計畫來實現的，而是透過改善組成社會的個人才實現的。這大概是二十多年來我研究室牆上座右銘——「教育無法改變政治，但能改變從政的人」的源頭。

教育首要目的就是要知道對於人來說什麼是善的，其任務就是幫助我們理解善的價值等級、建立這個價值等級，並以這個價值等級為生。為此赫欽斯主張博雅教育，發展人的理解力和判斷力，提供給人繼續進行自我教育所需要的習慣、觀念和技能。

終身的博雅教育是一種理智的訓練，而這種訓練將使人有能力解決新的問題、掌握新的事實，並能滿足新的需要，並能改造環境，使他符合人類精神的抱負。就此，赫欽斯直陳大學是個理智的共同體，一個合作的思想者的團體，集中於重大的思辨和實踐問題。

赫欽斯於 1921 年到 1951 年擔任芝加哥大學校長和名譽校長。這本書成書於 1953 年，在我出生之前。雖然哲人日已遠，書中的論述對於當代教育仍然頗具啟示性，值得一讀再讀。

2023.2.18

概念釐清是入門基本功－《哲學與成人教育選讀材料》、《成人教育中的哲學概念與價值》

　　進入任何一個領域首先要釐清該領域基本概念的內涵。以成人教育而言，何謂成人、何謂教育，還有相關的概念，如發展與老化等均是，若沒弄清楚，又猶如射箭不知箭靶為何，只是徒勞無功。

　　我常對學生講：無論我們定義十八歲或二十歲為成人，難道就在生日一夕間，某甲直接變成為成人？因此釐清成人的內涵是基本功。《哲學與成人教育選讀材料》一書[1] 中收錄了許多成教領域的經典文章，其中帕德森（R. W. K. Paterson）的〈成人期與教育〉是我最常用以和學生討論的材料。該文直指成人不是任何一組實徵性特徵，而是指某種地位（status），蘊含了規範性概念，含括了一些價值判斷、優先順序及評估。

　　成人的規範和其所處的社會文化脈絡息息相關，這也是為什麼我們會透過公投決定十八歲公民權。2022 年公投沒通過，據分析可能的原因有二，其一是認為孩子不成熟，十八歲要投票會不會被人操縱；其二是擔心年紀輕無法照顧自己，怎麼被選舉。當我們使用年齡區分成人與小孩時，其本身伴隨著一些倫理的與人類存在的議題。我們假設成人應該擁有某些特質，用那些特質去評斷他們。不過成人可能在道德或情緒上並不成熟，但我們期待他能如此，因為他是個成人，所以他成了我們如此期待的對象。

1　Merriam, S. B. (Ed.) (1995). *Selected writings on philosophy and adult education* (2nd). Malabar, Florida: Krieger Publishing Company.

　　同樣地，在羅森（K. H. Lawson）的《成人教育中的哲學概念與價值》[2] 書中也做了一些相關概念的釐清。他指出：談到成人無可避免地會連結到「發展」，即便「發展」一詞原本是價值中立的，指的是從簡單到複雜的改變的過程，但在教育上有關個人發展的討論中，「發展」常指的是變得較好，或獲得能力和特質的改善。因此，關係到對於應該學些什麼的判斷，以及什麼學習算是發展，而什麼不算是發展的區分。與前述「成人」的定義類似，判定個人發展的內涵還是要回到其所在的社會價值觀和信念系統。

　　為什麼扯這麼多？明顯地，上述關於成人內涵的釐清涉及成人教育目的之設定，而目的設定又鑲嵌在教育所處的社會文化脈絡當中。這都是根本問題，尤其在這知識碎片化的時代，我們可能讀了一堆資訊，卻發現公說公有理，婆說婆有理，無所適從，所以說釐清概念是關鍵。因此，每次開學前，我總會瀏覽一下書架上相關的哲學書籍，或許它們並沒有出現在教材當中，但它們閃爍出來的光芒直通課堂。

2023.2.7

2　Lawson, K. H. (1979). *Philosophical concepts and values in adult education.* Milton Keynes: The Open University Press.

用哲學思考終身受用－《改善繼續教育實務》

即便是買一瓶洗髮精，是因為機能、品牌、價格、親友推薦或者其他？這些都是價值判斷。生活中我們無時無刻不在做決定，小小的決定看似不起眼，卻往往左右我們的生活並成為行事的依歸。這種種價值加起來就構成信念，信念之間若彼此相互呼應就構成我們的行事哲學。一般人可能不自覺也不會花時間去釐清它，但身為教師，如果沒有自知之明，教學的勇氣從何而來？

有些書讀過就忘，有些書讀過終身受用。艾伯斯（J. W. Apps）教授的這本《改善繼續教育實務》是後者[1]，並非我熟讀它的每一個章節，而是這本書教我如何從事哲學思考。

當年艾伯斯教授在課堂用書中的方法教導同學們釐清各種教育概念。有時我們的課堂像似勞作課。記得當討論到教育是什麼時，那天老師拎了幾袋文具進教室，要我們分組動手做出「教育」，有歪七扭八的迴紋針串出的教育，還有中規中矩拼貼出的學校、教堂及圖書館。之後，經各組解說，我們看到原來抽象概念背後有著不同的假設，不僅釐清自己心中對於抽象概念的認知，更清楚教科書所說的往往僅是作者一方的觀點。

從這裡開始我學會思考，看到自己的立足點，乃至有能力作批判性思考。因此當期末作業是撰寫一篇個人的教育工作哲學時，我生平第一次能夠用完整的架構去檢視自己。艾伯斯教授的這本書提出的架構很簡單：檢視自己關於成人學習者、學

1　Apps, J. W. (1985). *Improving practice in continuing education.* San Francisco: Jossey-Bass.

習目標、教學題材，以及教師和教與學的互動信念。

　　以教與學的互動為例，當年我用了一個比喻，將課程與教學當作架一座橋，連接了教師和學習者。因此在規劃課程與教學時，我不僅需要專業的知能，更要了解學習者的特性和需求。教學是否能達到預期的目標，如同橋樑的設計流量與承載量密不可分。橋架設在河流上，河流是教學所處的情境脈絡，水深和流速都影響到這課程與教學設計。經過當年的釐清，迄今我基本上還是抱持這樣的信念。

　　好的書終身受用。這些年來我多次借用艾伯斯老師的理念和方法，一次次點亮學生與我的心，讓我更相信協助學生們建立個人教育工作哲學的重要性，不是讓學生去咬文嚼字投靠某個哲學派別，而是去釐清自己的教育信念；對習以為常的事物產生疑問、質疑理所當然的觀念，開始用不同的眼光看待周遭的事物。這就是自知之明，也是教學的勇氣最佳的後盾。

2022.12.8

孩子為了什麼去學校？－《學校在窗外》

　　孩子為了什麼去學校？黃武雄老師在其《學校在窗外》[1] 一書劈頭問了這句話，一個亙古的問題，學校教育所為何來？黃老師坦言：以他那般熱愛數學，如果將他放到孤島，沒有溝通的對象，學習數學變得沒有意義。孩子上學是為了與世界產生真正的連結！

　　黃老師從人類存在的原始趣向：維生、互動及創造，指出維生不必教、創造不能教，所以他主張學校應該做，而且只做這兩件事情：打開經驗世界，發展抽象能力。藉這兩件事情充分發展孩子與世界真正連結的能力。孩子自然會發展出維生能力也會延伸出豐沛的創造能力。

　　上述的維生、互動及創造之說，明顯地反映了德國學者哈伯瑪斯的《知識和人類的旨趣》一書的技術、實踐與解放的觀點 [2]。在課堂中，我通常會舉例解釋三者的關係。以買椅子為例，起碼要能夠讓人坐在上面，那是技術層次。當然我們的考量不僅止於此，更要讓人坐得舒服，那是實踐層次。進一步舒服的椅子那麼多為何選某一把？我們會從美學的角度思考，是否與我的其他家具適配等，設計椅子的人當然也會如是思考，那類似於解放的層次。

　　上述買椅子的例子是為便於理解的簡化版本，真正說來，維生、互動與創造三者相互之間既非完全相屬，也非完全獨立，只有在三者相互穿引、互相滲透時，它們的作用才會充分發揮。

1　黃武雄（2003）。**學校在窗外**。新北市：左岸文化。

2　Habermas, J. (1971). *Knowledge and human interests*. Boston: Beacon.

　　只可惜，社會分工過度強調技術層面或維生的功能，將創造活動交給某些角色者，讓人不自覺地忽略或壓抑創造的慾望。至於人與世界互動或連結，可以在心靈或物質層次，也可在微觀或宏觀層次，那會讓學校教育的內容變得多采多姿，舉凡人文、社會、科學及藝術都有了它的位置。

　　進一步若要不被這繁複的世界所淹沒，人必須發展抽象能力。我常跟學生說：如果沒有科學將我們所見的世界分門別類並給予名稱，我們很難溝通。界、門、綱、目、科、屬、種闡明物種的層級和關係就是一例，連高、矮、胖、瘦的命名都是抽象思考。這也是人類文明的主要特徵，藉由抽象，從特殊經驗去尋找普遍性，再從普遍性回來刻劃經驗的特殊性。

　　知識不只是工具，更是意義。理論或抽象世界其實與我們同在，我常勉勵學生不僅不要害怕，更要主動將個人的經驗融入其中。透由學習，人對自己、對世界有了更多的認識，才能建構自己存在於這世界的意義，同意黃老師所言，這是人之所以接受教育最大的價值所在，成人教育者當放在心上。

2023.1.14

站在教育思想家的肩膀看天下－《二十世紀成人教育思想家》

　　「站在巨人肩膀看天下」，耳熟能詳的話語反而容易被輕忽看待。這本《二十世紀成人教育思想家》[1] 在我初學成人教育時，對我知識的發展提供很大的協助，它收錄了十三位思想家，有些在教育界耳熟能詳，不見得拘泥於成人教育領域，譬如：杜威（J. Dewey, 1859-1952）的終身教育思想。

　　杜威的教育著述中，一貫不變的主題是教育經驗所孕育的出的成長，這種教育經驗使個人有能力從新的經驗中吸收到一些東西，並加入下一個經驗中，如此經過不斷的、終身的過程進而改變自己的觀念和行為。他更指出教育並不因離開學校而停止，自生活中學習以及創造生活條件，使每個人都可在生活的過程本身中學習，這是學校教育最好的成果。

　　溫故而知新，我常想究竟國內的教育發生了什麼事情？杜威的學說從民國初年被引入我國，對二十世紀前期的中國教育

1　Jarvis, P. (Ed.) (1987). *Twentieth century thinkers in adult education*. London & New York: Routledge.（中譯本：王秋絨等譯（1999）。**二十世紀的成人教育思想家**。臺北市：心理出版社）

本書收錄的思想家如次：Albert Mansbridge (1876-1952), Basil Yeaxlee (1883-1967), Richard Henry Tawney (1880-1962), John Dewey (1859-1952), Edward Lee Thorndike (1874-1949), Eduard Lindeman (1885-1953), Cyril O. Houle (1913-1998), Malcolm S. Knowles (1913-1997), Roby Kidd (1915-1982), Moses Coady (1882-1959), Myles Horton (1905-1990), Paulo Freire (1921-1997), Ettore Gelpi (1933-2002)。

由於篇幅之故就不多作介紹，有些思想家讀者或許陌生，建議先上網查詢如維基百科略讀其人生平，之後讀起本書會很容易且有味道。

界和思想界產生過重大影響，培養了包括胡適、馮友蘭、陶行知、蔣夢麟等國學大師和學者。他也曾到訪中國，兩年間在全國各地舉辦了數百場講座，見證了五四運動，並與孫中山會面，促進了民主、科學思想在中國的傳播。

　　只可惜杜威的主張中回到「日常經驗」的想法，還有「教育即經驗」離我們的學校教育那麼遙遠。終身教育更不是新的論點，但是在我國花了將近百年的時間，還繞遠路從世界各國取經。好不容易 1998 年林清江部長上台，才標示那年為我國終身學習年，到這幾年終身學習終於成為國民教育素養導向教學的核心。此外，更讓人難過的是迄今教育部終身教育司業務龐雜、預算卻最少，國家教育研究院不僅沒研究成人教育，還宣聲稱他們沒能力研究。

　　「橘逾淮為枳」，果真是諷刺！兒童教育和成人教育並非那麼斷裂無關，終身學習也不是那麼遙不可及，當然舉杜威的思想僅是一例。無論如何，登高必自卑、行遠必自邇，思想家們的論點必有其可觀之處，推薦給對終身教育與學習理論與實踐有興趣者。

2023.4.5

教育！倫理優先－《成人教育中的倫理議題》[1]

　　教育現場有諸多的利益關係人，當面臨價值衝突時該如何是好？倫理優先！本書如是提醒成人教育者，並且清晰地指出倫理的本質，及教育者可遵循的原則。編者布洛克特（R. G. Brockett）開宗明義指出，從事成人教育時，「為何做」的問題必須先於「做些什麼？」和「如何做」，而在詢問「為何」的問題中，最重要的是實務倫理。

　　至於倫理的本質，可就兩方面來說：後設倫理學（metaethics）和規範倫理（normative ethics）。前者涉及分析與定義倫理的用詞，諸如：好和壞、對和錯，屬於哲學領域；後者涉及應用倫理的標準和價值去判斷某個行動、機構和生活方式，是對的或錯的，好的或壞的，就此而言，倫理是一種實務的作為。

　　其次，布洛克特認為成人教育中的倫理可就三個互相關連的層次來談，如圖。其一為個人的價值系統，如：接受——價值、喜歡——價值、承諾——信仰等不同的層次。

　　其二為多重責任的考慮，指在個人價值、同事之間，以及與機構之間可能有些衝突，教育者應力圖取得平衡，基於個人行動所期待的成果和為那些行動所接受的責任而設定優先順序。

　　其三為運作上的價值（operationalization of values）。作者借用方案評鑑的四個基本原則，說明運作上可循以下的原則：(1)利益：指避免不必要的傷害和達最好的成果：(2)尊重：指關心「個

1　Brockett, R. G. (Ed.) (1988). *Ethical issues in adult education.* New York & London: Teachers College, Universities of Columbia.

人的自主或自由，以及非自主的人們的福祉」；(3)正義：指的是平等：隨時反省誰應該被服務？以及(4)對顧客的義務：指對所有參與團體的權利和責任開放地討論。

　　本書所提的三個層次架構可用於個人和專業的發展、批判地分析成人教育方案和實務，以及對於成人教育倫理的研究。成人教育者有諸多的角色，如：行政決策者、方案規劃者以及教師，各自面臨的不同的情境與倫理兩難，各章作者有細緻的論析，值得進一步參考。

2013.8.15

圖　成人教育中倫理實務的層面

學習：內在的寶藏－《學習：內在的寶藏——聯合國教科文組織國際委員會迎向二十一世紀教育報告書》

　　這本《學習：內在的寶藏》[1]對於熟悉終身學習理論者應不陌生，它提出的終身學習四大支柱今日廣泛地為學界與實務界所引用，而且儘管它出版在上個世紀末，迄今它的論點仍然鏗鏘有力。

　　報告書中強調：教育是個人與社會發展的中心，其使命在讓每個人都能夠充分發揮其天賦、才能，盡情發揮我們共同的潛能，以實現我們的責任和個人的目標。面對二十一世紀急遽變遷的社會，教育應建立在四大支柱或原則上：

1. 學會共同生活（learning to live together）：透過對他人歷史、傳統和精神的了解與尊重，創造一種新的精神，理解到人們漸增的互賴關係，共同分析外來將面對的挑戰，以帶領人們完成共同的計畫，或用智慧與和平的方式解決衝突。

2. 學會認知（learning to know）：強調結合足夠的通識教育，並針對部分的主題做深入的探究，以引發學習的興趣，且作為終身學習的基礎。

3. 學會做事（learning to do）：不僅學習做一項事情，並

1　Delors, J. (1995). *Learning: The treasure within. Report to UNESCO of the International Commission on Education for the Twenty-first Century.* Paris, France: UNESCO.

且獲得處理各種情境，尤其是難以預測情境的能力，及團隊合作的能力。

4. 學會存在（learning to be）：強調個人都需要更獨立、能夠做判斷，並具有較強的責任感，以獲取共同的目標。

值得一提的是上述主張的前提是基於洞見未來世界正面臨以下的幾大緊張關係有待突破：(1) 全球化與在地化、(2) 普遍化與個別化、(3) 傳統與現代性、(4) 長遠考量與短期考量、(5) 競爭與機會均等、(6) 知識極度擴張與人類的吸收力，以及 (7) 靈性與物質的緊張。經過這麼多年，人類在處理這些緊張上仍待努力。

此外，本報告書花了許多篇幅提出透過組織各種階段教育，經由多樣化的途徑，落實終身學習，強調每個階段教育的價值，避免因人能力而加以篩選，造成學業的挫敗和排斥，而禁錮了個人能力的發展。進一步，主張改革必須是長程的，才能從過去的經驗與成就中學習。成功的教育改革係源於多方面的貢獻：其一為地方社區，包括家長、校長和教師，其二為政府主管機關，及其三為國際社會等。

此刻重讀這本報告書深刻地感受到洞見關鍵性議題、掌握核心原則，教育改革才會有著力點，值得深思。

2023.8.3

學習社會的挑戰與趨勢—《學習社會的挑戰與趨勢》

在臺灣，自從 1998 年發布教育部《邁向學習社會白皮書》到 2021 年的《學習社會白皮書》，二十多年過去，終身學習一詞雖廣為社會大眾所知，但是相關的論述，尤其是歷史脈絡的研究卻有限。就歷史脈絡分析終身學習有助於政策擬定之參考。早年我從這本《學習社會的挑戰與趨勢》[1] 得到相當大的啟發，經過這麼多年更看到這本書的可貴，故摘述分享之。

本書除導言外共包含十七篇文章，收錄學者專家自 1991 年迄 1996 年的作品，從各篇章的交集中，不難發現歐美國家，尤其是英國，在邁向學習社會過程中所面臨的挑戰。

歐洲國家成人教育的發展歷程，1950 年代至 1970 年代盛行自由、浪漫主義，強調成人教育在社會改造上應有所貢獻的福利國家政策。1980 年以降則被強調工具主義的市場原則所取代。亦即，人文教育衰退而繼續職業教育則呈現明顯的擴張。

就政策的演變過程而言，當年英國成人教育政策經常是中央政府和地方政府、或政府部門之間辯論，偶然產生的結果，而非由政府作一致性規劃而成，所呈現的是一種多樣化與零碎化的的教育提供系統。

面對當時不確定和不穩定的就業環境，許多學者重新思考未來所需勞動力的內涵，提出「總括性技能」（generic skills）

1　Raggat, R., Edwards, R., & Small, N. (Eds.) (1996). *The learning society: challenges and trends.* London & New York: Routledge in association with The Open University.

的概念，指能夠從操作系統的角度思考，分析和解決問題，能夠調整並從事於團隊工作，以及能夠溝通並可依賴的能力；或者指能夠促進心智上（intellectual）學習如何學、心理上隨時準備改變和進步，以及地理上的流動和彈性的能力。勞動市場所需要的是一種「具有生涯韌性的勞動力」（career-resilient workforce）。同時提醒在提高經濟力與競爭力的同時，不應放棄社會對於弱勢團體的責任。

與當前臺灣面臨高齡化社會有關，即便在二十多年前，本書作者即已指出，高齡者因過去接受過較少的教育，較不會利用教育機會，所以各級政府有必要針對高齡者發展一個較清楚的政策。此外，非職業的成人教育被認為是種休閒，地方政府不再資助，這結果產生一項挑戰：如何填補在國家撤退其支持後市民文化發展的空隙。

本書也討論到風險社會（risk society）的概念，如：亟需維護的生態安全、無法控制的科技變革、政治結構的國際化趨勢，以及更彈性勞動力成長的需求等。進而主張成人教育應是個較大的文化政策的工具，提供對於社會發展和其對個人與社會生活影響的批判性討論的地方，應就一般性的價值，諸如「為人權辯駁」和「民主控制的社會」，以及「生態的理性」上著眼。

為發展學習社會，書中有作者提出五項規準：(1)需要拓展學習的定義，將教育視為社會的一個面向；(2)需要重新設定學習的目標，以協助個人成為完整的個體；(3)需要超越學習和教學，以增進集體的能力；(4)需要促進學習的自主性，即自我教育，以及(5)需要強調學習是種權力而不是特權。

回看臺灣，當歐美國家在倡導所謂終身學習與學習社會時，我們不應該一味地寄望「迎頭趕上世界潮流」，僅學到一些表

面的措施，或者壓縮西方國家三、四十年來教育與社會互動的結果，於短期內期望以臺灣社會為試煉場，其結果的扞格不入自然可知。

2023.8.3

成人學習與教學

見證成人學習研究的趨勢—《終身學習全書：成人教育總論》

從 1994 年我在高雄師大成人教育研究所任教始，「成人學習研究」一直是碩一的必修課，這本《終身學習全書：成人教育總論》[1] 是我授課的教科書。直到約十年前左右，有鑑於數位時代的趨勢，我調整課程內容並將之改名為「數位時代的成人學習研究」。

在成教所開創的年代，由於缺乏中文教科書，課堂中大量採用英文書籍。現在想來，要對學生說聲：「抱歉！」採用國外的書籍作為教科書除增添閱讀障礙外，往往難以兼顧學習者的社會文化脈絡。感謝學生陪我一路摸石過河，從第一版到第二版，乃至第二版的中文譯本《終身學習全書》也被我採用了好幾年。後來漸漸地，中文論著越來越多，這本書終於成為歷史；第三版我雖然也購有，但再也不需要使用做為教科書。

翻開手上這本書的三個版本，見證了成人學習研究的發展

1　Merriam, S. B., & Caffarella, R. S. (1991, 1999). *Learning in adulthood: A comprehensive guide* (1st, 2nd ed.). Jossey-Bass: San Francisco.
　Merriam, S. B., Caffarella, R. S., & Baumgartner, L. M. (2007). *Learning in adulthood: A comprehensive guide* (3rd ed.). Jossey-Bass: San Francisco.
　Merriam, S. B., & Baumgartner, L. M. (2020). *Learning in adulthood: A comprehensive guide* (4th ed.). Jossey-Bass: San Francisco.
　楊惠君譯（2004）。**終身學習全書：成人教育總論**。臺北市：商周出版社。（此書為上開書籍第二版的翻譯，書中並收錄了我撰寫的推薦序。）

趨勢。第一版（1991）心理學取向研究的諸多主題，在第二版（1999）中被併入其他章節之中，取而代之的是更成熟的成人學習理論，如：自我導向學習、轉化學習理論，並加入了批判理論、後現代與女性主義的觀點。第三版（2007）更加進了具身學習（Embodied learning）、靈性學習及敘事學習，以及非西方觀點的學習與致知論點。

　　綜觀三個版本，不變的是結構安排始於第一部分的成人學習的環境脈絡，彰顯要了解成人學習，必須從學習者所處的社會文化脈絡著手，因為這涉及學習的機會、參與，以及誰是學習者和他們為何參與。當然成人的學習與其認知、智力、大腦發展息息相關，這些主題一直是成人學習研究的焦點。

　　最後順道一提，2018 年在國立空中大學方顥璇教授邀約下，臺灣師大的李瑛教授和我等人於共同編著了《成人學習與教學》[2] 一書，終於我的課堂有了較能貼近國內脈絡的教科書，因此我並沒有購買 2020 年的第四版。比較第四版與前幾版的內容，脈絡部分增加了成人學習與科技的論述，並強化東方與原住民的學習與致知觀點的章節。回顧這段不短的歲月，很慶幸自己因著授課與時俱進，見證並融入成人學習（研究）的趨勢。

2022.11.4

2　李瑛、何青蓉、方顥璇、方雅慧、徐秀菊編著（2018）。**成人學習與教學**。新北市：國立空中大學。

學習的弔詭—《學習的弔詭》

俗話說:「忠言逆耳」,不僅如此,我們的生活中充滿了各種矛盾。譬如:沒有戰爭的威脅感存在就沒有和平的存在感;沒有悲傷的存在就沒有快樂的存在。放到學習上,沒有無知就不會有學習的存在。

課堂中我常提醒學生:當你們覺得我講的東西跟你們原來所知的一樣時,你們可能沒有學習,只有當我講的東西動搖了你們原先的認知時,你們開始思索到底是怎麼一回事時,學習才會開始,這叫做學習的落差。不幸地,忠言逆耳,這時人們通常會覺得不舒服甚或抗拒,因為既有的認知基模受到挑戰。

怎麼辦?反省是關鍵。英國學者賈維斯(P. Jarvis)在《學習的弔詭》[1]一書中提出了三大類九種學習類型,包括非學習、非反思的學習,以及反思的學習。非學習包括推測、不假思索,及拒絕;非反思的學習包含前意識的學習、技術性的學習,及記憶;反思的學習包含沉思、反思技巧的學習,以及透由反覆推理、反思及評估的經驗學習。

這本書將人類學習的本質放在社會生活中討論,學習因而還涉及存有、自我的產生、組織的生存,甚或國家的生存。人的學習來自於與社會的互動,人是社會的產物,社會也是人的產物。自然地,心靈、自我和認同都是社會情境中習得的現象;

1　Jarvis, P. (1992). *Paradoxes of learning: On becoming an individual in society.* San Francisco: Jossey-Bass.
　　王秋絨等合譯(2002)。**學習的弔詭:社會中的個人蛻變**。臺北市:學富文化。

學習不可能脫離社會脈絡中的權力關係，即便如此，個人仍然能夠學習成為自己。

落差對於人類生活與其所處的外在世界而言，並非是特例而是規則，由此創造了潛在的學習情境。一旦人們有了學習，會變得更有經驗也因此改變更多，所以學習本身是一種為了創造更多其他學習的社會過程。但是如果社會改變太快，讓人難以去適應新的情境，人們會進入一種非學習和非行動的狀況，產生對於學習本身的破壞性。

教育是為了存有，還是擁有？市場取向的教育被視為最有效率且最有益於社會整體，但這取向強化了低層次的擁有模式，而非高層次的存有模式。還有政府為了達到安定，需要一群妥協、無反思能力者和追求一致的人，然而學習的潛在本質卻是逆轉的，是在培養可以自由反思的人，是具有顛覆可能的活動。

無疑地，賈維斯對於全人的形成、真誠的自我、自主和自我導向學習，意義與真理，以及教育有諸多的期盼，但不諱言，人的學習是在複雜的社會中持續進行，因此書中詳細檢視了終身學習中個人成長的各種弔詭，無論對於學習者和教育者都有很大的提醒，值得關心學習的人一讀再讀，仔細思索。

2023.1.6

成人學習的圖像－《梅勒的問候：成人學習的圖像》

　　本書[1]的作者紐曼（M. Newman）（1939年迄今）是澳洲科技大學教育學院成人教育退休教授。2003年我受邀在雪梨科技大學（University of Technology Sydney）演講中遇到他。那天我的講題為《臺灣的社區大學運動》，提到「社區大學」一詞的翻譯，我認為應該是University，聽完後，他立即回饋我：「請『保留』大學的概念，貴國的社區大學在當今社會很少見。」年輕的我，當時非常受到鼓勵，雖知他是前輩，致力於英國與澳洲等國的工人運動，但並沒有閱讀過他的文章。

　　這本《梅勒的問候：成人學習的圖像》光是書名就很另類，為何是「梅勒的問候」？梅勒是誰？故事始於紐曼在倫敦西部擔任社區推廣工作者時，訪問了一個盲人組織。當時，一位藝術家梅勒正在繪製壁畫作為觸覺和視覺的體驗。紐曼提到：「記得梅勒轉過身來看著我們——看著我，因為無論他是否直視我，我都感到孤立無援——我理解他的眼睛有問題，我被告知，是的，他渴望完成工作，因為他快要失明了。」（頁5）

　　作者認為學習和教學不僅是實現個人成長的手段，而且是爭取社會正義的工具。在學習中，我們創造意義，在創造意義時，我們做出選擇。這些選擇可以是道德上的，也可以是政治上的。因此本書涵蓋的主題包括：經驗、思考、控制、學習、人們和實務、公民社會、成人教育者，以及涉入和掙扎等篇章。

1　Newman, M. (1999). *Maeler's regard: Images of adult learning.* Sydney: Stewart Victor Publishing.

在第九與第十章當中，紐曼運用學習反抗不合理的社會控制的角度，提出學習的八個面向，前四種關乎學習成為社會中的個體，後四種關乎道德的個體。

其一，學習的工具性面向幫助我們了解和操弄我們的環境；其二，溝通性面向幫助我們理解和開放地與人交涉；其三，詮釋性面向幫助我們了解我們自己；其四，轉化的面協助我們理解限制我們思考、感覺和行動的價值、條件、潛意識、觀點、無意地吸收的同儕壓力、假設、成見及偏見。

其五，學習的批判性面向是辯證性的，幫助我們理解我們如何建構和發展意識，理解我們自己和他們的關係；其六，政治性面向指出我們檢視衝突的興趣，以作判斷、選邊站，並加入他人採取的行動；其七，本質性面向的學習幫助我們去感受、感覺、欣賞，並知道內在於事件、經驗和我們人類存在的本質，以及其八的道德面向，作者認為所有的學習必然是道德的，而道德的學習最好從人們和實務的故事中了解。

值得一提的是在本書中，紐曼不僅將其論述與其他學者做一對話，並且描述了許多不同脈絡下的案例，將實務置於理論討論的中心，從而發展他的理論，這讓本書的論述不僅具深度，且有其獨特性，值得參考。

2023.8.16

複雜的經驗學習—《從經驗中學習：令人不安的正統觀念和其交織的問題》

「經驗是成人學習的助力與阻力」，打從我踏入成人教育領域，這句話一直謹記在心，但它僅提醒我從事成人教育時要重視學習者的經驗，卻沒提到人的經驗其實是非常複雜的。因此，當去年初我讀到這本挑戰正統經驗學習理論的書[1]，直陳過去學界對於經驗學習大都從建構主義理性觀點出發，難以符應成人學習者異質的特性和學習與社會文化脈絡的複雜關係時，我真的被打到了。

書中提醒我，人不僅是會反省思考的理性的動物，有時也不明白某些焦慮與恐懼早已潛藏在我們的經驗當中。還有我們所處的環境從社群媒體到社會的各種制度經常告訴我們什麼是正確的，「政治正確性」一詞就是這麼來的，我們卻沒能覺察我們接觸的事情背後的權力關係。當然，人也不是那麼截然地處於被動的狀態，在與環境互動中，人也會在有意與無意間發揮影響力改變環境。

由此，作者芬維克（T. J. Fenwick）從經驗學習的理論基礎出發，介紹並論辯了五種理論取向對於經驗學習關注的焦點和知識觀點等。這五種理論取向分別為建構主義之反思具體經驗、心理分析的學習理論之針對潛意識的渴望與害怕、情境學習理論之參與社群實務、批判文化理論之抗拒主流社會常規之經驗，以及複雜理論應用於學習之探究認知和環境之間的生態關係。

1　Fenwick, T. J. (2003). *Learning through experience: Troubling orthodoxies and intersecting questions.* Malabar, Florida: Krieger Publishing Company.

　　說明了經驗本質的複雜性之後，本書進一步提出因應不同理論取向成人教育者如何設定教學目的、角色，以及設計對應的學習活動和應用的場合等。可以想見我迫不及待地調整教學綱要，將它設計成為我的教科書之一。課堂中要求學生研讀各該理論時，不僅要對照自己的經驗學習，還要選擇其中一項理論蒐集教學案例，乃至設計出自己的教案。

　　我常對學生說：學成人教育真好！若不能用在別人身上，起碼可以用自己身上。這些年透由教學，我將自己放入所學的理論當中，借助書本上的知識從不同角度理解自己與學生的學習經驗，真是一件很棒的事情。這次光是設計教學綱要就讓我突破了過去的框架更是一大收穫，很開心讀到一本讓我心動且行動的書。

2022.11.19

自我導向學習：孫悟空戴頭箍？─《自我導向終身學習》

　　在成人教育研究所教書最棒的一件事情是學用合一，我經常鼓勵自己和學生，不能空談理論，設法將自身投入其中，以幫助自己深入所學。

　　為了教授自我導向學習，更為培養學生相關的能力，我曾多次於課程中與學生簽訂學習契約，讓學生決定他們想學的主題，之後規劃成該學期的上課內容進度。過程中學生必須依照他們撰寫的學習契約進行學習。這種方式與一般上課最大的差別在於由學生設定目標、規劃進度、尋求學習資源，並評估成果等。

　　開始上課時，學生們都很開心，因為教學綱要很簡短，且沒有一長串的研讀材料和進度。沒想到過了預備期，輪到學生們擬定契約，找資料研讀落實契約學習時，他們一個頭兩個大，彷彿孫悟空戴頭箍，大嘆不如就採一般的上課方式，依照老師規劃的進度做去。

　　同時，原本我以為學習契約就如同學習計畫書，只是將執行過程透明化而已，沒想到過程中衍生諸多的問題。譬如：契約可不可以修改？對於眼高手低的學生，要克服的不僅是能力問題，更是情緒的調節。還有，長久以來教育體制隱含的競爭心態必須先能破除；以同儕為學習資源，用合作取代競爭，即便在個人的契約學習中仍然不可或缺。此外，訂定評量指標，設定評分百分比，乃至由誰評分對學生而言都是新功課。

　　上述的經驗讓我閱讀到康第（P. C. Candy）的《自我導向終

身學習》一書[1,2]，時特別有感，因為這本書花了很大篇幅釐清自我導向學習概念及其涉及層面的內涵。簡單來說，就過程而言，自我導向學習指的是「自我管理」；就結果而言則在培養「學習者個人的自主性」，偏偏個人的自主性又會受到文化影響，包含了情緒、道德及認知等層面。

　　自我導向學習的內涵更因使用的情境而異。我在正式教學情境中執行自我導向學習，雖然授權「學習者控制」，但畢竟主動發球的人是教師而非學生，和正式教學情境以外的自我導向學習，即「學習之獨立追求」又有所不同。這差異讓我體會到在促進學生自我導向學習時，發展他們的自我導向技術性技巧、促進他們對主題的熟悉度雖說不可或缺，然而根本問題還是在學習的所有權（ownership）在誰身上。

　　晚近幾年我雖然較少使用契約學習的教學方式，然而化整為零，無論採用問題導向學習方式，讓學生執行其關注的議題探究，或讓學生自訂評量指標與評量方式，目的都是在讓學生對學習有更大的控制感並且為自己而學，畢竟唯有自發地戴上頭箍，才可能戴得舒服並戴得長久。

2023.3.7

1　Candy, P. C. (1991). *Self-direction for lifelong learning.* San Francisco: Jossey-Bass.

2　何青蓉（1995）。書籍介紹：自我導向終生學習。**成人教育雙月刊**，26，52-53。案：當年用「終生」一詞為誤用，我曾另外撰寫一篇論文澄清，詳見：何青蓉、劉俊榮（1997）。「終身」學習或「終生」學習？**博物館學季刊**，11(4)，3-5。

轉化學習不只是理性的歷程─《行動中的轉化學習：從實務中得到的啓示》

　　多年以來，在美國轉化學習理論幾乎與馬濟洛（J. Mezirow）劃上等號。依據他的觀點，轉化學習是個有效改變參考架構的歷程，包含二個面向：心智習慣和觀點。學習的過程可分為四種：其一是將既有的觀點精緻化；其二是學習建立新的觀點；其三是學習轉化我們的觀點；其四是轉化我們的心智習慣，變得覺知到且批判地反思我們在看待他人觀點時常有的偏見。

　　上述理性的、分析的，和認知性的轉化學習理論在本書[1]中受到挑戰。以下學者均認為轉化學習是個直覺的、創造的、情緒的過程。

　　史考特（S. M. Scott）將馬濟洛的觀點放在批判的社會理論中討論，而與分析的深層心理學相對照。認為批判社會理論依賴批判性的反思和對話以發現意義，然而與這個意義有關的深層轉化，依賴內在的想像、夢想與幻想，卻非理性所能解釋的，而轉化所改變的不僅是參考架構，更包括意識和意識流。

　　同樣地，德瑞克斯（J. M. Dirkx）認為轉化學習涉及非常個人式的與想像的理解外界的方式，它基於我們經驗中更直覺的與情緒的經驗，是超越本我的，它將我們連結到現在經驗的立即性，並且經由這個過程，引導我們經驗到超越較受限制的、

1　Cranton, P. (1997). *New directions for adult and continuing education, No. 74: The transformative learning in action: Insights from practice.* San Francisco: Jossey-Bass.

以本我為本位的世界觀。

　　克拉克（J. C. Clark）則認為無意識必須被提升到意識的層次，而這過程無法用理性的字眼去解釋。主張從跨學門的途徑解釋成人學習的價值，認為整體的觀念是意識與無意識、內在與外在，心智和身體，以及科學和藝術的弔詭現象。

　　許多研究說明轉化學習並沒有單一的模式。轉化學習者進出於認知與直覺、理性與想像、主觀與客觀、個人與社會之間。看似弔詭，想像的價值與情緒的力量存在轉化的理性觀念中，而且學習者倚賴分析以讓其感覺、想像與直覺變得有意義。

　　至於轉化學習在實際的運用上，對於每個人和情境均是獨特的經驗和過程。本書許多作者均描述轉化學習是個理性的過程，並都採用馬濟洛的模式。然而他們在實際應用時，仍稍做調整，甚至整合到更直覺的與深度的探索。據此，為利於轉化學習的產生，教育工作者有必要開發新的教學方法，整合理性、分析與想像、直覺思考的教學原則，並且未來進一步在行動研究中，探討轉化學習形成的機制。對於轉化學習有興趣者可以參考我之前為本書撰寫的書籍介紹 [2]，文後有更詳細的參考書目。

　　順道一提，本書為「成人與繼續教育新趨勢」叢刊之一，該叢刊係由我的指導教授諾克斯（Alan B. Knox）博士於 1979 年創刊，歷年的總編與各期主編均為成人教育界一時之選；每年發行四期，每期均有一固定的主題，從理論與實務並重的角度，

2　本文改寫自：何青蓉（1998）。書籍介紹——轉換學習的行動：從實務面觀之。**成人教育雙月刊**，**43**，55-56。

凸顯並引領著成人與繼續教育的發展趨勢，是欲了解當前成人
教育重要議題者不可不讀的書籍。

2023.8.3

批判性思考是什麼？－《發展批判性思考者》

提起「批判性」（critical）一詞，很多人望文生義搞錯批判對象，誤以為它是批判別人，或認為批判性思考是受負面事件所引起，還有以為它僅涉及理性思考，其實這些都是誤解，因此教學中我經常需要做一澄清。

簡單來說，在批判性思考的概念中，「批判性」一詞更好的用語其實是「關鍵性」，指我們看事情的前提／假設和框架，這涉及我們有意或無意間所抱持的價值觀、主導的意識形態、所處社會環境的權力關係和霸權結構等。因此，釐清自己的思考盲點、超越對事情漠不關心、學習以民主方式從事溝通與行動，是發展批判性思考的要件。

關於批判性思考的內涵與發展的歷程，布魯克菲爾德（S. Brookfield）的這本論著[1]中說得很清楚，批判性思考有兩個中心元素：

1. 確認並挑戰假設，它發生在人們探查他們和周圍的人習慣性思考與行動方式背後的假設，亦即視為理所當然的價值、常識性想法，以及關於人的本質和社會組織的刻板觀念。
2. 探究並想像另類途徑，它會導向發展反思性懷疑（reflective skepticism），對於某些說詞、決定，或判斷的普同性不視為理所當然。

1　Brookfield, S. D. (1987). *Developing critical thinkers.* San Francisco: Jossey-Bass.

　　批判性思考涉及分析與行動的交替階段，是在主動探究中發展。一個常見的誤解認為：如果我們持續地質疑每件事情，就會變成相對主義者。而作者認為相反地，因為不願意處於被奴役或不明究理的狀態，批判性思考者對於某些信念、行動和原因是熱情的，並承諾於明理和理性。

　　至於批判性思考的牽引條件，大部分的文獻提到批判性思考是從危機、失去方向的兩難，以及人們生活中發生的異常及期待和現實的落差中產生，如死亡、離婚、失業、入伍，或者痛苦的創傷。然而，作者提出在高峰經驗中，人們感覺到一種訝異的，但無法拒絕的正確感，可能促進他們批判性的評估自身固有的思考與生活方式等，換言之，批判性思考也會從正面的、愉悅的事件中產生。

　　每個人的批判性思考經驗不同，會受到他們的個性和文化背景所影響。值得一提的是，批判性思考因為挑戰了個人未曾質疑的假設、懷疑過往的生活、撼動慣性的觀點和行為，以致個人可能產生焦慮、害怕、憎恨，及受到威脅的情緒。進一步地，可能挑起對於提出批判性思考者的情緒問題，不過也可能伴隨著解放、放鬆和放棄內化的規則而產生喜悅。

　　整體來說，批判性的洞察通常在沒有預期中發生，內在與外在的理由對於批判性思考都是很重要的。同儕的支持是從事批判性思考的關鍵，因為當他人有類似的詮釋和認識時，私人的詮釋獲得合法化。這也是為什麼教師如果能透由正面的牽引事件，如他們的熱誠呈現另類的想法、概念和詮釋的架構，可以有力地促進學生的批判性思考。

　　最後，關於批判性思考的階段和教師如何幫助學習者批判性思考等議題，在我其他的文章中曾介紹過[2]，有興趣者可自行找來參閱。

2023.8.9

2　何青蓉（2018）。成人教學的理論基礎。載於李瑛、何青蓉、方顥璇、方雅慧、徐秀菊編著，**成人學習與教學**（頁 211-235）。新北市：國立空中大學。

什麼是靈性？靈性又如何發展？─《靈性與老化》

靈性究竟是什麼？似乎年紀越大，人們會越關心這個課題。本書[1]嘗試回答靈性與老化的關係，及其在實務上的運用。

靈性是人類經驗的一個領域，作者認為可從三個基本的形式談起：深刻的覺察當下、超越個人自我，或一種與所有生命、宇宙、最高的存在（supreme being）或大的存在網絡的連結。

在美國，關於靈性的討論，1950 年代以後從一種以宗教為中心的「棲身於靈性」（spirituality of dwelling），轉移成為個人中心的「尋求靈性」（spirituality of seeking），之後轉移到個人的「實踐靈性」（spirituality of practice）。

「棲身於靈性」，強調從一個主要具有敬畏和啟發性的宏偉建築物和儀式中，確定的遵守教條和崇拜，以提供安全性。「尋求靈性」，強調靈性的旅程和協商，在旅程中我們不確定將會遇到什麼，但我們會保持覺察我們的需求，並注意到機會，以作有效的決定。「靈性實踐」則是我們在日常基礎上做的事情，以讚揚、超越個人自我，並直接連結到神性。

許多證據顯示靈性的關懷在中年和晚年會越發重要。大概始於三十五或四十歲，隨著年齡增加，人們有意識地從事內在探索他們存在的意義和他們與宇宙的關係。對於生命中靈性領域的老化研究，也從宗教取向的概念，轉移到基於經驗、選擇和個人自律、個人責任的概念。

大部分的人們認為靈性關係到一個大的圖像，經驗到個人

1　Atchley, R. C. (2009). *Spirituality and aging*. Baltimore: Johns Hopkins University Press.

不是單獨的，而是某種較大的、超出個人存在的一部分。這種經驗經常地基於一種直覺認知的形式。當個人從經驗到個人作為獨自的存在，轉移到經驗存在是處於一個較大的存在，或存在之網的一部分時，便可以說超越性已經發生了。

我們通常不是在一種內在真空的純粹存在狀態去經驗靈性，而是在某種行動脈絡中經驗靈性。靈性之旅可以被視為一種尋求存在（being）和做事情（doing）之間的平衡。譬如：生活中，從習慣的角色中感受某種失落，而後被觸發進入這趟旅程，並且靈性的經驗可能發生在許多層次：生理的、情緒的、認知的與超然的。

至於靈性的發展，學界有諸多的理論，作者描述靈性的發展含括以下階段：(1)覺醒的興趣：某些事情的發生，彰顯了未來靈性成長之覺醒的可能性，許多人是透過閱讀、參與讀書會、討論及教育方案；(2)探究：隨著好奇心，透過研討、反思或冥想，開啟了發現的可能性；(3)努力（endeavor）：發展新的實踐，創造新的日常工作，面臨挫折時能有耐心，去處理不舒服、困擾、不確定性，失去靈感、矛盾或氣餒；(4)統整：新的片段結合舊的片段，形成一個新的大的圖像，以及(5)意圖：形成一個新的或更新的靈性方向感。

以上提供關於本書簡單的介紹，至於想了解靈性如何影響認同與自我？老化和靈性如何交叉發展？人們可如何運用靈性，以因應晚年生活中出現的機會和限制？靈性信仰和實踐如何影響時間體驗中的年齡變化，乃至於靈性和老化如何影響臨終和死亡的經歷？請進一步自行閱讀本書各個章節。

2023.9.19

知道自己是誰：教師的必備條件－《在成人教育中發展教師風格》

　　很多人擔心人工智慧出現後，其工作角色被取代，教師會不會被取代？我不了解人工智慧，但自問：「教師的獨特性在哪裡？」教師是人，有血有淚，這部分大概難以被取代，但是如果沒有慎重對待，不管有沒有人工智慧出現，教師就會先陣亡。

　　成為教師是每一個教師生涯中持續成長與發展的過程。就像生命，這過程是持續的，且在改變之中，教師需要花時間去認識他們自己。教師的挑戰在於許多不同的情境組成他／她的世界，是加諸在教師自我的內在世界之上。教師也是父母、小孩、朋友、同事、伙伴、伴侶，所有在其他脈絡的這些角色都仍然存在教師這同一個人身上。（至此，想到開學了，據說家長都很開心，但教師彷彿掉入地獄，同為父母與教師者的心境又如何？）

　　教師這一角色，提供中介學生與知識的三種事情：(1)結構，指教師可幫助學習者結構他們的學習經驗成為有意義的順序；(2)評估，指教師是批判和刺激的對話者，以及 (3)支持，指教師的興趣和激勵是創造環境，以強化動機的關鍵。換言之，教學是人與內容、環境和學習的連結。

　　教師是教學元素的連結者，要讓這些元素發生完整的作用，教師必須是真實的（authentic）。教師能做自己本身嗎？所謂「做自己」指的是教師在課堂上的真實性。真實性指確定言行是一致的、承認錯誤、分享自我層面，及尊重學生。其中，一致性（congruence）指的是教師的行為能真正地符合他／她所説的，言行一致最終唯一的方式，是真正成為自己本身。成為自己本

身，可能意味著承認錯誤。

　　教師要做的事情是平衡的行為，知道自己個人與期待自己作為教師的平衡、自己對於學習者的信念和教學現實的平衡，以及受到真實世界問題的干擾後，如何在維持任務之間的平衡。覺察自己本身和覺察學習者之間的平衡，以及創造學習必要的舒適，和刺激學習所需的熱誠和能量的緊張之間的平衡。

　　人類的互動不是價值中立的，我們都有信念和對於每件事情的看法，所有教師都有關於內容、環境、團體及個人的價值衡量。教師朝向思考與行動的一致性，不必然改變這些價值，但是會覺察到它們，並且覺察它們如何呈現在教與學之中。

　　談到教師，因而無法與教師是誰這個人區分。教師要去尋找的不是一個工作描述，而是一個架構，了解個人關於「教師」的信念，讓他們能夠最終朝向自我願景的實現。這樣看來，人工智慧在取代教師一職上，可能還有一段很長的路要走，當然有血有肉的我們，在發展成為真實的教師的過程中，還要更加努力。分享給不想一開學就掉入地獄的教師們，共勉之。[1]

2023.9.16

1　Heimlich, J. E., & Norland, E. (1994). *Developing teaching style in adult education.* San Francisco: Jossey-Bass. 以上摘述自本書第七章。

教學始於心，成於心－《從心教學》

　　《從心教學》[1]這本書討論協助人成為人的學習與教學。作者艾伯斯（J. Apps）指出，人有智識、情緒、靈性，以及身體面向，要成為完整的人，缺一不可。但是我們的教育並非這樣教的，我們覺得智識面向最重要，甚至還切割它們，專門化的結果，有問題就委託給專家辦理，生病找醫生、有法律問題找律師，有心理問題找諮商，作者不否認這沒錯，但教育不應該只有採取這種取向。人被切割，學習變得瑣碎，不需要了解自己是誰，從何而來，往哪裡去，所學究竟是否對自己活著這事有終極的幫助，則不無疑問。

　　閱讀這本書，讓我想起我與艾伯斯教授互動的故事。其實，我只上過他一門課：成人教育哲學，博士論文口試時，他是我的委員會成員之一。真正說來，我們的互動有限。

　　口試當天，他提了個問題：「你們這些教育工作者真麻煩，我好端端地去美術館欣賞畫作，你們卻要我閱讀導覽手冊，這不是在妨礙我嗎？」我設計了一本導覽手冊，想了解觀眾閱讀之後，對他們的學習成效之影響。當場我意會到事態嚴重，如果我沒好好回應，我便連立論的基礎都沒有。

　　當下我回應：「給觀眾一把可折疊的童軍椅。」之後，開始陳述「博物館疲憊效應」（museum fatigue），指一般人走累了想休息，停留在館內的時間有限的反應，而美術館不設座椅更加劇這現象的產生。輔以研究期間，每天從早到晚，紀錄觀

1　Apps, J. W. (1996). *Teaching from the heart.* Malabar, FL: Krieger Publishing Company.

察觀眾的參觀行為，發現美術館非但僅設置極少的座椅，觀眾停留在畫作前的平均時間僅以秒數計算等數據。想到的是：目標不可放棄，方法可以改變，同理觀眾／成人學習者為上。

當我一口氣講完時，委員們態度轉變，開始將我奉為博物館專家，儘管口試才進行一段時間，那時我知道我通過了。現在回想，的確對於博物館觀眾行為的理解讓我通過口試，然而不知的還有很多。

不確定當年我是否有全人教育的觀念，但是這本書卻讓我更深地理解當年艾伯斯教授提問背後的想法。在本書〈後記〉中，艾伯斯教授分享了一則他與友人在密西西比河畔露營，經歷了一夜的大風暴，隔天在那又濕又冷的早上，人們分享他們的感覺、交換帳篷垮掉，以及樹木倒下的見聞等。他說：

> 我們學習到非預期的東西可能是我們學習的來源。作為教師，我們學習到某些有力的學習發生在我們不再設法控制所發生的每件事情之際，我們只是設法提供一個環境。我們有信心人們會學到東西，而且他們學的會是好的，對他們有所助益，並且從而幫助他人。
>
> ……
>
> 我們經歷到第一手從心學習的經驗，我們活在其中。它這超過智識的經驗，我們完全地參與其中──我們的智識、情緒、靈性，以及身體，感受到整體性與連結性的喜悅。我們經歷到害怕、憤怒，以及失去控制的情緒，所有這些都是從心教與學的面向。

（頁 117-118）

　　一句話、一本書可教我們一輩子，沒想到事隔這麼多年，我上了艾伯斯教授的第二堂課：「從心教學」，在他的成人教育哲學基礎之上，我更清楚教與學是怎麼一回事，興奮和感恩之情難以掩卷。

2023.9.11

教學的勇氣－《教學的勇氣》

　　每次和學生聊天時提起《教學的勇氣》[1]一書，就會想起那位從地獄來的學生，上課坐姿歪斜幾乎頭撞到地面，挑起老師自我懷疑的神經，不確定自己究竟做了什麼，讓學生要用這種難以想像的姿勢回報，乃至動搖教學自信！

　　話說回來，即便教書將近三十年，並且專攻教與學研究，教學的恐懼一直存在。害怕上課的熱情邀約，卻換來學生的面無表情；擔心自己一時語塞、腦袋斷電，與所講的東西失去連結，或者回答不出學生的提問等。

　　另一方面，回首教學順暢時，喜怒哀樂自然流露，沒有修飾的言詞，也沒有太多的術語，只是與教授的內容自然融在一起時，心胸是敞開的、內在是和諧的，沒有想到自己是否會語塞，當下許多內在的聲音自己就跑出來。

　　好的教師會將自我、授課內容和學生織入生命的經緯當中，並引導學生如何在自己的世界也編織這樣的網，作者帕默（Palmer）在本書中如是提到，我的體驗真是如此。

　　這兩者反差的關鍵在哪裡呢？帕默指出是教師的自我認同與人格統整；教師對自我內在的認識越透徹，他／她的生涯工作與生活就會越踏實。的確，當我有更多的自知之明後，我能夠坦然地面對自己的能與不能，告訴學生我的不習慣和害怕，譬如：表明自己不擅唱歌且害怕在一大群人面前講話，因此婉拒和學生們一起旅行的邀約。

1　Palmer, P. J. (1998). *The courage to teach: Exploring the inner landscape of a teacher's life.* San Francisco: Jossey-Bass.

　　當認真面對自己的恐懼後，較能將心比心同理學生；學生害怕失敗、怕被誤解、怕暴露他們的無知，這些我也都有，看待學生的方式也不一樣了。自然，教學的重心轉移，更看重怎樣創造機會和學生的內心有所交會。

　　很喜歡這本書，即便過了這麼多年再度翻閱，書中的許多至理閃耀，提醒我：「權威，來自於我重新喚起自己的認同和統整，記取我的自我和使命感。之後，教學方能從我自己的真理深處流淌開來，而我的學生內心的真理也有機會以同樣的方式回應。」（譯自英文版，頁 33）。

　　順道一提，當年這本書方出版，我一看就愛不釋手，之後多年成為我碩士班的教科書。它不僅內容深具反思性，而且每一章都始於一首詩，文筆之美令人動容，我曾嘗試請幾位好友協助翻譯，但都囿於不敢破壞其文辭而作罷，尚好中譯版終於 2009 年問世[2]，分享給大家這本廣受學界與實務界一讀再讀的好書[3]。

2022.11.25

2　藍雲、陳世佳譯（2009）。**教學的勇氣：探索教師生命的內在視界**。臺北市：心理。

3　Palmer, P. J. (1999). *The courage to teach: A guide for reflection and renewal.* San Francisco: Jossey-Bass. 案：《教學的勇氣》一書出版後廣受各界歡迎，之後有了這手冊，針對《教學的勇氣》的每章提出反思的問題，提供個別教師與讀書會研討和對話之用。

教學，哪僅是照書養或照豬養？－《成人與高等教育五種教學觀點》、《成人教與學的豐富視界：師生與內容共構的課堂》

　　教學是怎麼一回事？有句話說：第一個孩子照書養，第二個孩子照豬養。是否是這樣子呢？我沒養過孩子，但對於教書這件事情有點小小體會，從新手到老手的進化恐怕不是那麼簡單。

　　回想初當人師，教學綱要設計大部分都是依著過去老師的如法炮製，我想很多人都是如此。幸運地，由於以教與學為專業，我有機會廣閱了許多相關書籍，將書本的知識落實於課堂當中，在反思與行動中實踐所學。

　　這些年中普瑞特（D. D. Pratt）對於教學觀點的分析讓我受益匪淺。他在書中指出，教學有五種元素：教師、學生、內容、理想及脈絡；以理想為核心，脈絡為背景，又因前三者（教師、學生及內容）彼此的關係不同，形成五種教學觀點[1]。

　　舉例來說，我們常說學習者中心，那教學路徑是教師透由學生引導他們學習內容，換句話說，教師和學生之間的關係是這教學觀點所強調的重點。然而僅僅這樣解讀尚不足以說明學習者中心重點，究竟放在滋養學生的自信心／自我效能，還是培養他們的思考方式？前者是所謂的滋養觀點，後者則是發展觀點。抱持發展觀點的教師同樣看中學習者，但是將教學的重心放在連結學習者與內容，目的在培養學習者的思考方式，

1　Pratt, D. D., & Associates (1998). *Five perspectives on teaching in adult and higher education.* Malabar, FL: Krieger Publishing Company.

十二年國教的素養導向教學背後就是這種觀點。

　　其他的教學觀點還包括傳遞觀點、學徒觀點，以及社會改革觀點。條條大路通羅馬，好的教學不只一端，即便是傳遞內容導向的教師只要能達到他／她的教學理想就是好的老師。最怕的是教師不清楚自己的教學所為為何？不了解學生的特性和需求，一味地僅將教師的職能放在知識內容的提升上，或忽略了教學所處的情境脈絡。

　　教育常被稱為半專業，只因三折肱而成良醫之說，以為自己當過學生所以可說出個道理，因此教育改革治絲益棼。殊不知用習以為常的方式，去解讀教育或者教學，往往無益於問題的解決。這本書提供了一個一般的模式，協助教師分析個人的教學觀點，可以說是見樹又見林。

　　好書是值得據以踐行的，多年前李瑛教授和我初閱此書，有志一同各自在臺灣師大與高雄師大以此書為教科書，一拍即合編著了《成人教與學的豐富視界：師生與內容共構的課堂》[2]。書中邀集了十位伙伴，以上述普瑞特的教學模式作為架構，從事課程方案設計或實踐，正好做為輔助案例分析的參考，一併推薦。

2022.12.25

2　李瑛、何青蓉主編（2014）。**成人教與學豐富視界：師生與內容共構的課堂**。臺北市：華騰文化。

成人識讀教育

識讀究竟是什麼？－《識讀：閱讀文字和閱讀世界》

　　文本、文字和字母的脈絡是與一連串的事情、東西和符號相互相生的（Freire & Macedo, 頁30）。

　　「閱讀文字是為了閱讀世界」，好像不難理解，但是箇中的內涵又是什麼？為何解放教育學者弗雷勒（P. Freire）和馬希多（D. Macedo）花了這麼大的篇幅撰寫這本《識讀：閱讀文字和世界》[1]？

　　回到童年，我還未識字，我總是圍繞在樹的旁邊，有些樹對我來說是很親密的，我在樹蔭下玩耍，在樹枝上冒險。家裡的老房子——臥房、大廳、屋頂、後院，是我最初的世界。在這裡我會爬、會站、會跑、會說話，世界開展在我的眼前，因此我第一次閱讀了世界。字、詞、文本的脈絡是那樣具體而一系列的事物景象。

　　我在經驗中覺知，經驗越多，覺知能力越增加。我也透過哥哥、姊姊及父母的關係去理解事物景象；也從閃電、打雷、下雨、雲、風的大自然變化中去理解字、詞、文本

1　Freire, P., & Macedo, D. (1987). *Literacy: Reading the word and the world.* New York: Bergin & Garvey.

的脈絡；也看到了葉子的形狀、芳香的花、果實的顏色變化。從我自己的經驗和觀察他人的經驗，我學會了「南瓜」的意思（頁 30）。

上述弗雷勒的經驗，換個場景，你我都有。從小到大，我們閱讀世界總是先於閱讀文字，並且透由閱讀文字持續地閱讀世界。進一步可我們又透過某一種書寫或者是重新書寫這個世界的方式去閱讀與理解世界，這種動態的移動是識讀歷程中最核心的。

弗雷勒因此堅持，識讀方案中所使用的文字應該來自於學習者文字的世界（word universe），這可以用來能夠表達他們實際的語言、他們的焦慮、害怕和夢想，文字必須植基於人們存在的經驗的意義，而非教師的經驗。了解人們文字的世界，會讓我們將這些字教給人們，放在編碼的情境當中，它能夠再現人們真正的情境。例如：「磚頭」這個字的學習，必須被放到一個能夠再現一群砌磚工人的圖像當中。

在教導如何寫這個字之前，可以提出幾個問題詢問學習者，這樣他們對字的理解就不是機械式的記憶了。基本上，看到具體情境的圖像，會讓人們在繼續下一步閱讀文字之前，反思他們對於世界的詮釋。這種對於先前世界的批判性閱讀，會讓他們一反過去以較不批判的方式對於世界的閱讀，而促使他們不以宿命的方式來了解他們的處境。總之，閱讀離不開三個行動：批判性的覺察（critical perception）、詮釋（interpretation）和改寫（rewriting）。

以上簡單回答了識讀的內涵，及弗雷勒的解放教育學主張：閱讀文字是為了讓我們認識並與世界溝通、轉化個人的世界，

進而重構我們與寬廣世界的關係，而解放教育的可能性在此，難怪我三十多年來深深地著迷於弗雷勒的理論與實踐。

　　順帶一提，這本《識讀：閱讀文字和世界》是我最想翻譯的一本書，但是自恨英文造詣不夠，始終未成，僅在自己的著述中大量引用它的內容，有興趣者可找來參考[2]。

2023.8.1

2　何青蓉（2007）。**成人識字教育的可能性**。高雄：高雄復文。

識讀如何能夠讓受壓迫者解放？－《受壓迫者教育學》

　　《受壓迫者教育學》[1]原版係出版於 1970 年，我的書是二十週年版，出版於 1993 年，中文版是 2003 年方永泉教授翻譯的（三十週年版）[2]，據維基百科指出，它在全球印行已經超過七十五萬本。到底是怎樣的一本書有如此的魅力？作者弗雷勒（P. Freire）又如何從成人識讀教育發展出解放教育學？

　　要回答上述的問題，首先，必須了解弗雷勒對於人的基本假設：

1. 人的存在使命在於成為一個主體（Subject），在他所處的世界能有所行動並轉化他的世界，能夠如此，完整而豐富的個人與集體的生活才有產生的可能。

2. 世界不是靜止的、封閉的秩序，而是人用以創造歷史的素材，雖然人透過物質創造了世界，然而也因壓迫者運用暴力加諸於被壓迫者身上產生非人性化的歷史現實，人的任務因此在於超越這種非人性化的狀況。

3. 每個人是有能力在與他人的對話中批判地檢視世界，在這過程中，只要給予適當的工具，如此的情況就會產生。人使用文字可以產生新的力量，每個人透過使用文字，為其所處的世界命名，而贏回其權力。人一旦有了新的自我覺察，就具有新的自尊，且受新的希望所激

1　Freire, P. (1970). *Pedagogy of the oppressed.* New York: Continuum.
2　方永泉譯（2003）。**受壓迫者教育學**。臺北市：巨流。

勵。當此種情況發生在學習閱讀的過程，人們會發現他們是文化的創造者。

　　其次，解放教育必須處理受壓迫者與壓迫者的意識型態，考慮他們的行為，觀點及倫理。尤其是受壓迫者雙重性部分，他們受到壓迫和暴力情境所形塑，存在於一種矛盾的狀態和分割的狀態。雖然看似弔詭，受壓迫者對於施予其暴力的壓迫者可能呈現出喜愛的態度。受壓迫者只有將自己從壓迫者的意識形態中解放出來，才可能真正從壓迫者手中解放。弗雷勒強調，成為完整的人不能僅是翻轉矛盾對立的角色而已，如從佃農變成地主，解決壓迫者與受壓迫者之間的矛盾的解決，隱含著壓迫者作為支配階級的消失，亦即受壓迫者與壓迫者都得到解放。

　　其三，解放教育採用提問式教育，取代囤積式／或填鴨式教育。透過對話，新的師生關係產生，教師不僅是教者，亦是被教者，學生亦是教者，他們共享責任，同時成長，人們彼此教彼此，而由世界所中介。亦即，教師總是在「認識當中」（cognitive），將可認識的東西（cognizable objects）視為自己本身和學生反思的對象。在與教師的對話中，學生不再是馴化的傾聽者，而成為批判的共同探究者，目的在產生意識覺醒，及批判地介入我們所生存的世界。換言之，以提問開展的教育，人們藉此發展力量，批判地覺察並發現自己存在世界的方式。從閱讀文字到閱讀世界，識讀在意識覺醒中扮演關鍵的角色。

2023.8.5

教育，為批判覺醒而努力！─《為批判覺醒之教育》

「一個人只有在他能夠將其所浸潤的自然的、文化的和歷史的現實問題化（problematize）的時候，他才算是知道」，重新閱讀當年筆記，讀到弗雷勒（P. Freire）這段話，反觀臺灣社會充斥著缺乏溝通與對話的亂象，忍不住整理出來和大家分享。

本書[1]包含兩大篇章：〈教育做為自由的實務〉和〈推廣或溝通〉，以批判性覺醒做為文化解放的動力貫穿其中。〈教育做為自由的實務〉篇強調自由是一種動態的活動，和參與對話教育所獲得部分的結果。為此，弗雷勒提出其識讀方法基本成分如下：(1) 教育者以參與觀察方式「調動」（tuning）人們字彙的世界；(2) 找尋兩個層次的延伸性字彙：音節的豐富性和具有高度的經驗性的字彙；(3) 將那些字彙編碼成為視覺圖像，以刺激人們成為有意識創造自己的文化者；(4) 透過文化圈（共學團體）的解碼，提供一些刺激，以及 (5) 以批判性和行動為目標之新的創造性編碼，藉此低識字者覺察到他們的低識字是一種受到壓迫所致的文化產物。

其次，在〈推廣或溝通〉篇中，弗雷勒指出「推廣」和「溝通」兩者間基本的矛盾，他主張真實地與農民對話，不能等同於推廣給他們一些技術上的專業知識。釐清「推廣」或「溝通」具有普遍的重要性，因為它可去迷思化「協助」的關係，在此推廣人員也可能指稱社會工作者、城市規劃者、福利行政人員、

1　Freire, P. (1973). *Education for critical consciousness.* New York: Continuum.

社區組織者，以及各種提供服務給貧窮或無力者的人。

　　弗雷勒堅持方法上的錯誤，總是可以被追溯到意識型態的錯誤。在推廣實務的背後，他看到一種隱含的家長式意識型態、社會控制，以及專家與無助者之間非互惠的關係。他並不否認將（農業）科技或技能帶給農民／民眾的價值，然而他堅持這樣的知識必須參與於對話當中，與農民民眾一起學習，應用於大家共同的知識及整體問題化的處境。

　　弗雷勒描述意識覺醒過程分成以下幾個階段和特徵。第一為「半非可及的意識」（semi-intransitivity of consciousness）指處於被淹沒在歷史歷程的狀態：人無法理解他們生物性需求領域以外的問題。他們的興趣幾乎整個環繞在生存上面，並且缺乏較具歷史性計畫的生命感，此種意識所呈現的是一個近乎在人與其存在之間沒有參與（disengagement）的狀態，因此他們的覺察是有困難的。因為無法理解真正的原因，人混淆其對於客體的知覺和環境的挑戰，並且掉入神奇式的解釋。

　　第二為素樸的可及的（naïve transitivity）意識階段。其特徵為將問題過度簡化、懷念過往、低估一般民眾、愛社交的傾向、缺乏探究的興趣，伴隨著喜歡空想、脆弱的論證、強烈的情緒風格、用爭論而非對話，以及採取神奇式的解釋。在此階段人們對話的能量仍然脆弱且會受到扭曲。

　　第三為可及的（transitive）意識階段，是指當人們放大其力量去覺察和回應他們脈絡中的建議和問題，並增加其能量以參與和他們與其世界的對話時的意識狀態，此時人們的興趣和關懷超越僅是維生的領域。可及的意識讓人具有滲透性，幾乎整個參與其存在。存在是種動態的概念，意涵著人與人之間、人與世界之間，及人與其造物者之間永恆的對話。因為這種對話，

使得人成為歷史的存有。

　　第四，人們進化到批判性可及的意識（critical transitive consciousness）階段，其特徵在於解釋問題的深度、用因果法則取代神奇式的解釋、測試個人的「發現」和對修訂的開放、當覺察問題時避免扭曲，而在分析時避免先入為主的觀念，拒絕卸脫責任和被動的位置、能提出有力的論證、使用對話而非爭辯，並且接受新的東西時不僅因為新奇之故，也不因為舊的東西而拒絕之，而是依舊東西的效用（valid）而衡量。

　　批判的可及意識狀態顯現的是真實的民主的特徵，對應出高度質問的、不停止的，和對話的生活形式。這是所有教育應該追求的方向，換言之，好的教育至少要讓教學者與學習者同時走向意識覺醒。

2023.9.1

知識社會學取向之識讀內涵－《識讀的社會脈絡》

　　在我最初接觸成人識讀教育時，本書[1]提供我諸多觀點，釐清識讀的內涵，包括單數的識讀（literacy）如何演化成複數的識讀（literacies），並且認識國際識讀教育政策的發展脈絡，成為我後來撰寫《成人識讀教育的可能性》[2]一書重要的參考。其中，就知識社會學角度分析識讀概念之取向值得在此一提。

　　作者指出，識讀是一種社會實務。第一步要拋棄識讀是單一、統一的能力（competence）的概念，並且要去理解識讀的多樣性和階層性等。作者進一步主張，功能性識讀可以被定義為擁有或近用所需的能力和資訊，以完成處理個人參與之讀寫工作。

　　回過頭來看，雖然功能性識讀的定義並不是最好的，但作者認為還是有其存在的必要性。其中一個困難處為當前社會對於識讀的關心，幾乎僅止於閱讀專家、心理學者及學校教師，而這些人僅專注於書寫文字來評估兒童的能力，較少關心到社會的狀況。至於社會中文化語言的使用之系統分析，通常不是那些專家討論的範圍。

　　作者因此強調多樣性的識讀，並整合識讀和資訊，其理論

1　Levine, K. (1986). *The social context of literacy*. London: Routledge & Kegan Paul.

2　何青蓉（2007）。**成人識字教育的可能性**。高雄市：高雄復文。案：我在此書採取批判性識讀取向，除了主張識讀是種社會實務外，還是種批判反思的行動，並且是種文化政治的形式。有興趣者可自行找來參考。

基礎主要有二：其一，除了極少數的例外，所謂的資訊交換通常以書面溝通為其最終極目標；其二為另類的多樣性。傳統對於識讀的定義是將抽象的能力視為基本，由於一旦學會語文技巧，則各種書面資料將會勝任閱讀，也就是說語文能力與常識（社會知識）之間並沒有清楚的界線，因此要了解一篇文章須具備這兩種能力。例如，會打電話是一回事，但會從電話號碼簿裡找出電話號碼，並表達有智慧的對話則是另一回事。

再者，識讀會因為資訊的種類而有不同的意義，因此了解資訊很重要，資訊可被理解為社會上傳遞的知識。以電腦素養（computer literacy）及政治素養（political literacy）為例，包括探究各該領域的知識。進而言之，政治素養包括的是基本的知識，加上公民參與有意義和理性的政治選擇，及討論的吸收技能和批判能力，而且政治素養更受到特定的文化及意識型態所左右。

是故作者將「資訊」納入識讀的定義當中，藉由將識讀與資訊緊密連結，引領我們注意到知識社會學，它是迄今尚未被探討，而能洞悉識讀內涵的有利資源，而識讀的社會與政治意義，更大大地源於其在知識分配的創造及重製時所扮演的角色。

2023.8.17

識讀啟動自我認同與世界觀的轉化－《為生活而識讀》

重新閱讀這篇當年撰寫的《為生活而識讀》書籍介紹[1,2]，心理浮現諸多畫面，不只是國小補校課堂中的阿公和阿嬤、新住民上課的臉龐，還有初學手機者的誠惶誠恐，包括我這嬰兒潮世代者面對網路科技那種硬著頭皮的狀態。

我們的生活當中充斥了各種文字和符號等溝通工具，透由它們，我們才能跟這個世界互動，因而在當代社會中，識讀（literacies）一詞所指的不僅是基本識讀，還有媒體識讀（media literacy）、資訊素養（information literacy），這些都與我們的生活息息相關。因此，以下所談的低識讀者跨越疆界的心理轉折歷程可能就出現在你我身上。

本書提出識讀學習者五階段螺旋狀發展歷程，包括：延續的緊張、轉捩點、問題解決和尋求教育機會，以及密集的持續互動。

延續的緊張最明顯的是許多人對於自己的低識讀問題感到羞愧，譬如不知道如何使用 3C 產品。這種感受通常在與家人、朋友、老師和社群的關係中重複地經驗，而社會建構的羞愧因之內化成為個人自我的一部分。

當成人覺得無法控制工作或家庭的改變時，會設法找到方

1　Fingeret, H. A., & Drennon, C. (1997). *Literacy for life: Adult learners, new practices.* New York & London: Teachers College, Columbia University.
2　何青蓉（1999）。書籍介紹：為生活而識字—成人學習者、新的實務。**成人教育雙月刊，50**，54-56。

式去回應，這是個轉捩點。雖說每個人處理轉捩點的方式不相同，然而與他人的關係是他們將牽引事件轉為行動的核心。

為了減緩壓力並減輕大的改變，人們參與各種識讀學習方案，然而跨出意味著改變既有的領域，本身就是種掙扎。尋求教育機會雖然可能導致其他的緊張感和轉捩點，卻是人們為了改變所需付出的代價。

大部分的成人習慣於僅在私密的處境中，揭露自己看不懂、聽不懂別人在說些什麼。然而要進入一個學習方案，成人必須將自己的問題和不相干的人分享，經歷這種從私密處境移到公眾的方案中需要很大的勇氣。學習方案中的正向的、接受的與他人的關係，可以減弱他們的羞愧和孤獨感，並且支持自尊的發展和學習。與此同時，學習者與他人在方案外的關係也開始改變。

隨著學習者變得更有技能和信心，他們對於特殊情境的識讀定義便隨之改變，對於自己的成就的要求也會有所轉移，並且他們的脆弱感也會減低。這種從內到外，從私密到公眾的跨界移動學習者學到的不只識讀技能，更是生命全方位的改變。將心比心，把自己放入這個教與學過程中，啟動的自己或他人自我認同與世界觀的轉化，讓識讀真正發揮力量！

2023.8.2

從探究派典釐清教育政策走向－《成人識讀教育衝突的派典：探求美國識讀的民主政治》

長久以來，國內討論教育改革，經常落入枝節的討論，甚少探究各種主張或論述背後基本的思維，以致治絲益棼。

派典（paradigm）是一種基本的思維方式，在科學領域中，孔恩（T. S. Kuhn）率先使用這個詞彙，描述在一個歷史時期構成一門科學學科的基本概念的總和。例如：「天動說」認為地球是宇宙的中心，而「地動說」則認為太陽是宇宙的中心，而不是地球。換言之，科學知識是一種歷史發展的產品，並形塑了所謂的客觀知識。

本書[1]從書名可知，作者目的在探究美國成人識讀教育政策背後衝突的派典，從根本上尋找不同派典的共同的基礎，作為識讀教育政策的出路。

作者首先回顧自 1980 年代以來，形塑美國成人識讀教育之理論、實務、研究傳統和政治之趨勢和議題。這些趨勢和議題是多樣的、衝突的，並且經常相互矛盾。至於影響成人識讀政策的因素包括：從全球化的經濟到都市的貧窮；從「功能性識讀」到「受壓迫者教育學」；從需要累積資料分析到另類的評量設計；以及從科學本位的教育研究到實務本位的探究。上述不同的角度形塑了美國成人識讀領域內部不一致的論述。

書中揭露了呈現三種識讀派別。簡單來說，第一個觀點是

1　Demetrion, G. (2005). *Conflicting paradigms in adult literacy education: In question of a U.S. democratic politics of literacy.* Mahwah, New Jersey & London: Lawrence Erlbaum Associates, Inc.

基於弗雷勒（P. Freire）的批判教育學的參與式識讀運動。第二個是聯邦政府的功能性識讀，連結成人基本教育於後工業經濟的需求及福利改革。第三個則是新識讀研究（New Literacy Studies），這觀點基於文化人類學和維高斯基（L. Vygotsky）的社會心理學，主張識讀是一種以社會和文化實務為中心的社會和文化成就，並提出透過聚焦於學習者的識讀實務[2]。

　　最後，為建立國家層次寬廣的共同基礎，作者連結杜威成長的教育哲學於新識讀研究，以及一種透過檢視杜威的實驗邏輯，連結實務本位和科學取向的研究模式，並將美國建國理想視為基礎，建制一種當代的美國成人識讀政治。這是一個基於實用主義的知識論，更沿著與美國國家的民主、憲政和共和價值一致的路線重建意識型態，亦即資本主義內民主改革願景之中道的識讀政治。

　　平心而論，這不是一本容易閱讀的書，書中諸多的辯證性論述很難在本文中逐一呈現。不過，誠如作者指出，對於什麼是識讀的論辯，遠遠超過專家僅從技術觀點切入。多年來，個人在成人識讀領域踽踽獨行，特別深刻感受到不僅低識讀者、實務工作者、教育決策者，還有一般社會大眾對於識讀內涵及其可能開衍出價值的陌生，導致國內成人識讀政策落後國際社會三十年，因此本書即便出版於十多年前，今日看來仍具相當價值。

2023.8.15

2　關於這些觀點部分的論辯詳見：何青蓉（2012）。美國「裝備未來計畫」的特色、問題及啟示。載於中國教育學會主編，**2020 教育願景**（頁 231-262）。台北：學富。

成人識讀教育的目標為何？－《成人識讀：政策和實務上的議題》

　　成人識讀教育究竟目標為何？在臺灣，成人識讀教育並沒有受到政策關注，何況其目標，這讓以下本書的論述變得很有價值，值得深思。

　　當然，論及教育目標首先應該澄清識讀所指為何？如果識讀被定義為簡單的閱讀和書寫技能，識讀教育目標就在強化學習者的閱讀和書寫技能，而不管其使用的脈絡。如果識讀就功能性定義為學習者在特殊的脈絡中行使其功能的能力，識讀教育目標就會成為教導在該脈絡中有效的操作各種所需要的技能。本書[1]作者在回顧了諸多關於識讀的定義及文獻後，從四個層面討論成人識讀教育的基本目標，提供教育決策者參考。

　　其一為社會流動，這目標與經濟生產性連結在一起。社會流動是美國聯邦成人識讀政策的主要假定結果。因為低識讀者被認為是依賴社會者，且無法獲得所需要的利益。根據這推論，低識讀者不能在系統中向上流動，因為他們缺乏所需的技巧。因此，政策中假定一旦識讀技巧被提供，熟悉這些技巧者的社會流動會被強化。

　　其二為社會變革，主張這目標者包括：解放的識讀教育、民眾教育、批判教育學，以及激進教育學。相對於傳統的成人識讀系統聚焦於個人的發展，解放教育者聚焦於集體的變革。在這觀點下，識讀僅是個手段，一組批判性的編碼和解碼技巧，

1　Beder, H. (1991). *Adult literacy: Issues for policy and practice.* Malabar, FL.: Krieger Publishing Company.

協助低識讀者了解滲透到他們社會秩序位置中的政治、經濟和意識型態的勢力。

　　其三為經濟生產性，在這裡有兩個議題值得關注：(1) 成人識讀政策應放在累積或重新分配財富？(2) 政策應關注經濟成長或經濟發展？仔細思考第一個問題，誰從職場識讀方案中獲得利益？企業獲得，工作者薪水也可能增加，但是受福利補助的母親、失業者和最需要的人並沒有受益。關於第二個問題，經濟成長觀點直接指向增加成果。經濟發展政策則涉及更有效的使用自然和人力資源。前者僅考慮生產性，後者焦點放在寬廣的貧窮的個人與社會發展。經濟成長是一種狹隘的技術官僚觀點，職場識讀教育方案被設計用於配合某些工作的要求。經濟發展取向被設計用以培養工作者寬廣地「完全參與工作生活所有的層面」。關於這論點詳細請參考我職場識讀的文章，如附[2]。

　　其四則為學習者個人目的。學習者參與識讀教育以完成其個人的目的，如：發展自我改善、符合家庭責任、更有效參與社區，並得到教育的進階。本書的個案研究分析顯示：強化自我概念是成人識讀教育最大的和最普遍的成果，這在我的研究中亦有類似的發現；識讀教育是一種喚醒高齡者對自我、生活及學習興趣的工具，增強其獨立感與對生活的控制感[3]。

2023.8.17

2　何青蓉（1998）。職場識字教育：建立學習社會的新機制。**成人教育學刊**，2，1-25。

3　何青蓉（1996）。台閩地區老人識字教育學習者特性之探討及其意涵。**高雄師大學報**，7，1-22。

每個人都需要媒體識讀能力－《未來媒體我看見》

　　年初無意間撞見《未來媒體我看見》[1]，當下抽換了博、碩士班教學綱要裡的媒體識讀教材。開學第一堂課，一位博士班學生告知去學校書局預購此書時，店員回報以懷疑的口吻：「你確定要訂購此書嗎？它是寫給中學生閱讀的呢！」的確，這本書是為青少年而寫的，目的在因應十二年國教素養導向新課綱，培養他們的數位公民素養力，但是誰說只有青少年必須具備媒體識讀能力？

　　本書作者黃哲斌是一位資深媒體人，之前我對他毫無認識。全書共分四大篇，分別為：「媒體有事嗎？」、「不可不知的防身術」、「鄉民大挑戰」，以及「科技素養好好玩」，各篇之下有些章節。標題用字淺顯易懂，每章之後均附哲斌大叔的素養概念開箱文，提示該章重點且有一、二則延伸閱讀的 QR Code，深入淺出，想抓住青少年的胃口。

　　以隱私的〈數位防身術〉一章為例，作者在文末的開箱文中，提醒讀者兩個關鍵概念：「數位足跡」和「臉部辨識」。若要避免留下數位足跡，盡可能不要打卡、減少上傳自己或親友的臉部照片，不要在網路公開分享個人資料；而在臉部辨識上則提醒避免別人在照片標註自己的名字。如果要非要上傳照片，建議可利用芝加哥大學研發的開源軟體 Fawkes，以阻絕大多數軟體的辨識能力。

1　黃哲斌（2021）。**中學生晨讀10分鐘：未來媒體我看見**。臺北市：親子天下。

　　讀後我立即重新設定個人臉書中「設定」的「隱私」選項，並提醒自己今此後使用網路服務時不要貪圖方便、為小利而出賣自己。採取最低程度授權、減少將個人資料留在公開網頁，以及避免非必要的第三方服務，直接拿臉書或 Google 帳號申請其他網路服務，同時我一併刪除了之前不常用的 Twitter 和 IG 等軟體。

　　本書的深廣度遠超過我原先的認知。閱讀〈一次看懂「迷因」之謎〉一文才知「迷因」譯自英文 meme，原意是「人類文化事務傳播、演化的現象」，若稱「梗圖」，大家可能就會比較知道。隨著社群媒體崛起、影音圖像使用的普及，迷因逐漸滲入社群論壇對話裡，一個讚許的表情或悲傷的情緒，都能用數十種動態圖來代替，迷因遂成為「在網路上迅速傳播的概念、圖像或影片」，這讓我想到衛服部 LINE ／臉書群組中的那隻柴犬和「總柴」小叮嚀。

　　仔細循線追蹤本書各章所提的案例及其文後的 QR Code，大大打開了我對於媒體識讀的視野，不得不佩服作者功力之深，以這本書為起點，引導博碩士生進入媒體識讀的世界，的確是個好的抉擇。附帶一提，3 月下旬我去觀賞《蘭陵 40 演員實驗教室》，赫然發現黃哲斌是其中的一員，今天能說善道、思路敏捷，著述無礙、劇場演出順手拈來，小時候竟然口吃，不知如何表達。聞其名不如見其人，讀本文不如親自買書來閱讀，推薦給大家哲斌大叔這本書，保證他本人比書中所繪的坐在箱子裡的大叔來得帥。

2022.6.25

媒體資訊素養從認識內容農場始－《真相製造》

　　幾個月前，我在電腦網路瀏覽器新增了擴充功能「終結內容農場」。對於內容農場我時有耳聞，但對它的運作方式和影響力沒什麼概念，直到閱讀到《真相製造》[1]才知原來內容農場是門巨大的生意，如同本書的英文名稱：*Reality is Business*，它製造了讓大眾錯亂的訊息，並扭曲了我們的認知世界。

　　內容農場（content farm），依據維基百科是指：「為了牟取廣告費等商業利益或出於控制輿論、帶風向等特殊目的，快速生產大量網路文章來吸引流量的網站。」這類網站產製的內容通常缺乏原創性且無法保證其真實性，經常是盜用、盜譯他人或拼湊網路文章而來，可能傳播錯誤訊息，並經常摻雜大量廣告或惡意程式。如果是這樣，那麼不閱讀不就不受影響？但是問題並不那麼簡單。

　　首先，我們可能連閱讀到內容農場文都不自知。錯誤的點擊，除了助長該文章與網站的傳播速度外，更可能因閱讀而被誤導，久而久之就被滲透。更可怕的是演進至今，內容農場不再只是搶點閱率、賺廣告分潤的生意而已，它們已經成為境外勢力影響臺灣輿論的橋樑；不實資訊的來源是有組織、有策略的，特別是在選舉期間。LINE上的核實團體「麥擱騙」（MyGoPen）幾年下來累積的大量不實訊息，其中至少有六成

1　劉致昕（2021）。**真相製造：從聖戰士媽媽、極權政府、網軍教練、境外勢力、打假部隊、內容農場主人到政府小編**。臺北市：春山。
　　作者劉致昕為《報導者》副總編輯，曾獲多種新聞獎項，是寫字跟開咖啡店的人，試著在兩件刻苦的浪漫中完成一些實際的事情，本書如是介紹他。

的資訊來自海外網站，細看網站內容，還可看見簡體字、中國用語，或中國官方宣傳訊息（頁 311-312）。

2020 年總統大學前，LINE 群組中的不實和爭議訊息，許多來自中國、臺灣、馬來西亞的華語內容農場，可能就是中國政府統戰預算發包製作的內容（頁 327）。譬如對泛藍支持者影響力最高的資訊來源是內容農場「密訊」；甚至在馬來西亞經營內容農場已經變成一個產業。

內容農場不僅進化到在 LINE 群組主動吸收讀者、定期發送文章，文字內容還進一步影音化，並大規模往 YouTube 傳送。不實訊息導致假藥在印度盛行、除了政治，疫苗的假新聞已經影響疫情和孩童健康，讓事實查核者身處一場場無止盡的全球戰爭。這是資訊操縱的戰役，假訊息像是一種認知型的新興毒品，傷害我們的認知、極化政治對立。

本書多元的案例中，從比利時、法國、印尼、德國、中國到臺灣，可見內容農場散播資訊瘟疫，讓各國無一不陷於征戰，副標題──「從聖戰士媽媽、極權政府、網軍教練、境外勢力、打假部隊、內容農場主人到政府小編」呈現了各章討論的重點。這是一本提升公民媒體資訊素養的好書，我們都需要從理解不實資訊的殺傷力開始，一起學習如何尋找真實、建立標準，培養建立對話的能力和意識，與大家共勉。

2022.7.2

成人識讀教育政策關乎國家競爭力－《澳洲的識讀：為國家識讀教育提供資訊》

　　識讀是教育重大的議題，本書[1]從國家整體發展的角度，作者認為識讀計畫的目標應在刺激行動，使澳洲所有教育和訓練的努力能一致地和有系統地朝向促使所有澳洲人具有寬廣的識讀能力（broad-ranging literacy capability）之目的。這種給所有人的基礎識讀（foundational literacy）必須深植於將識讀視為一些包含在科技上、文化多樣性和國際化的經濟中當代所面臨的挑戰的能力（capabilities）範圍。

　　始於寬廣的脈絡的分析，作者強調識讀受到的外部環境影響因素包括：全球化經濟、文化與科技的衝擊，和澳洲本身的多語社會、多元文化社會的條件。至於內部的環境，則有語言符碼本身在書寫與口語上不斷改變的事實，而兩者彼此相互交錯，教育政策制定應在這樣的脈絡下考量。

　　至於識讀的內涵，作者精細地將識讀區分為符碼、表達方式與意義三個面象。其中表達方式，諸如電子郵件的傳遞的與手機的使用，改變人們的口語表達、書寫與閱讀習慣，其實際狀況如何，應可進一步研究，如：對於人們使用語言符碼的創新／組合方式與意義的解讀與建構。在教育政策上，涉及識讀如何被建構和理解決定什麼被評估和如何被評估，識讀實務工作如何從事課程與教材設計。

　　本書提到澳洲各項識讀相關政策大都在 1997 年前後發展而

1　Bianco, J. L., & Freebody, P. (2001). *Australian literacies: Informing national policy on literacy education.* Melbourne, Australia: Language Australia Ltd.

成，這與該國當時所做的識讀調查，以及參與經濟合作暨發展組織的國際識讀調查有關。以 2000 年《資訊時代的識讀：國際成人識讀調查結果報告》（*Literacy in the Information Age: Final Report of the Rnternational Adult Literacy Survey*）為例，顯示澳洲至少有百分之十五的成人的識讀僅在最基本的程度，無法應付資訊時代升高的技能之要求；百分之十七的澳洲人居於文書識讀最差的第一層次，並且低識讀者的失業是中等到高識讀者的兩倍。

順道更新國際成人識讀調查目前的執行狀況，經合組織過去到現在的識讀調查有三：除了上述的調查外，在 2003 年到 2008 年間有《成人識讀與生活技巧調查》（*Adult Literacy and Life Skill Survey*），目前正在進行成人能力國際評估計畫（Programme for the International Assessment of Adult Competencies, PIAAC）。

前兩項調查結論指出，因為當前社會對識讀技能的需求不斷增加，低識讀水準對個人工作和生活帶來了問題。在前述調查的基礎上，為促進對二十一世紀所需的廣泛識讀技能的適當評估，《成人能力國際評估計畫》擴大了對於識讀能力的定義，將數位環境中的閱讀技能納入其中該調查衡量成人處理關鍵資訊能力（識讀、算術和解決問題）的熟練程度，目的在評估資訊時代個人和國家的能力現狀。這項國際調查有四十多個國家或經濟體參與。從 2011 年到 2017 年為第一次調查，共有三回合，目前進行到第二次調查時間為 2022 至 2023 年。

我國沒有參加國際識讀調查，儘管個人多次公開呼籲，決策者缺乏對於成人識讀重要性的理解，因此未見相關政策。為此，個人於參與教育部 2021 年《終身學習白皮書》的研擬中將成人識讀教育納入其中，並於協助教育部終身學習中程發展計

畫於 2022 年完成《成人核心素養指標之探究與應用規劃》，但是報告書完成後迄今未見相關政策措施的討論。

誠如前述，必須將識讀視為一些包含在科技上、文化多樣性和國際化的經濟中當代所面臨挑戰的能力範圍。十二年國教中所謂的「素養」一詞，其實是來自於識讀，在當代社會中，識讀根本的內涵為核心素養，國內成人與終身教育政策自外於這股國際潮流，終將無法全面提升國人的素養，乃至國家競爭力。

2023.8.18

成人識讀教育再省思—《識讀教育再省思：亟需以實務為基礎的變革》

　　長久以來，不僅我國成人（基本）識讀教育面臨成效難以評估及目標人口與實際參加人口之間的差距過大的困境，美國亦然。為了解上述困境產生的原因，並尋求根本解決之道，本書作者奎格利主張，當務之急在於就實務面著手從事基礎的變革[1]。

　　奎格利強調，如果識讀方案如要有所改變，創造方案的人必須有所改變，同時人們看待方案的方式則首先必須改變。然而不幸地，美國識讀教育中存在一些刻板印象與迷思，影響所及，決策者對於低識讀者的印象，只是霧裡看花的浪漫觀點；實務工作者雖然與低識讀者有相當的接觸，但他們所看到的參與方案的低識讀者卻不能代表全體的低識讀人口。因此，本書從四方面論析方案改變的可能性：破除公眾與政治的迷思、釐清教育工作者的教育觀點、掌握輟學者和非參與者的特性，以及透過行動研究的方式將識讀政策與實務植基於實際的知識當中。

　　在本書最後，奎格利曾語重心長地強調，成人識讀教育不是提供給失敗的成人的學校教育，也不是教育的第二個機會。對於成人學習者而言，這應該是終身學習連續體的一部分。的確，識讀教育要成功，有賴就終身學習的觀點出發。誠如我多

1　Quigley, B. A. (1997). *Rethinking literacy education: The critical need for practiced-based change.* San Francisco: Jossey-Bass.

次為文指出，國內識讀教育存在相當多的迷思 [2]，其中所反映出的公眾觀點係將低識讀者視為時代與社會的犧牲者，並且不認為低識讀是個嚴重的問題。既然識讀教育沒有成為整體教育政策的一環，更沒有蔚為社會運動，所以缺乏志工或專門的團體幫助他們。

　　在政治的觀點中，但公務體系既不願做全面性制度的興革，如打破以國小補校為主體的成人識讀教育方式，且囿於狹隘的識讀觀，認為識讀教育就是認得幾個字並向年級的絕對標準靠攏，所以沒有賦予識讀教育特殊的任務或目的，僅認為成人基本教育研習班結業或國小補校畢業就是識讀，殊不知當代社會所謂的識讀，早就不能用認得幾個字代表。總之，這種種作法，充斥著對識讀教育的無知並且昧於實情的觀點。

　　與美國相同，國內實務工作者接觸到的低基本識讀者，無法代表全體低識讀人口，以及識讀教育在學術上所受到的關注更屬有限。為打破如此的困境，識讀教育必須擴展其立論的基礎，無論是鉅觀面的政策決定、方案規劃，或者是微觀面的教學，都必須基於對於低識讀者生命故事的充分理解，並鼓勵實務工作者在行動研究中發展較適切的工作哲學與方案。

　　最後，就學習社會中變遷的識讀觀點，與我國國民教育中輟生與日俱增的現象而言，當前成人（基本）識讀教育實應國民教育結合，處理中輟生的識讀與生活適應問題。從國際化，如跨國婚姻移民日增與媒體科技日新月異的角度，落實識讀教育於社會政策之中。從知識經濟的觀點，探究識讀教育的發展方向。唯有如此，國內的識讀教育始能真正發揮它的功效。從

2　何青蓉（2007）。**成人識字教育的可能性**。高雄：高雄復文。

美國經驗對照我國經驗，本書的確提供了一些相當好的省思觀
點。[3]

2023.8.3

3　本文改寫自：何青蓉（2000）。書籍介紹：識讀教育再省思——亟需以實
　　務為基礎的變革。**成人教育雙月刊**，**53**，53-56。

後記

行遠必自邇

「三十而立‧繼往開來」，昨天高雄師大成人教育研究所辦了一場三十年回顧與前瞻論壇[1]。三十年說長不長，說短卻也有些過分，無論如何，回首這三十年，篳路藍縷，所上師生一步一腳印，共同成就了今日的規模。

回首並非為了留戀過去，「繼往開來」才是重點，但，話說容易做時難。時光分秒流逝，不幸大部分的人總是來去匆匆，身處其中，卻不知道自己正在寫歷史，或者輕忽梳理腳下的足跡，那樣的當下和過往，終究將僅是一坏塵土，又如何成為後進者的踏腳石？

大步邁出是許多人的嚮往，尤其在這社會變遷快速的時代，求新求變已經成為不可或缺的生存之道。怕跟不上腳步、怕被淘汰，或者以為標新立異就可以引領潮流，站在浪頭上。

這讓我想起多年前，成教所協助成人教育研究中心辦理系列大眾通俗講座，有一次請來 PChome 的老闆詹宏志，那時 PChome 剛成立沒幾年，詹宏志在臺灣大學高我兩屆，換句話說，他是嬰兒潮世代者。在那個年代，家用電腦才興起沒多久，詹宏志竟然有獨到的眼光看到這市場，難怪人稱趨勢專家。

藉著辦理通俗講座，我邀請他到研究方法課堂上演講，講

1　即便即將從高雄師大退休，心之所繫仍是成人教育和高等教育的前程，籌辦多時的「2023 三十而立‧繼往開來：高師大成教所30年回顧與前瞻論壇」雖然落幕，然而心願未竟，除感謝昨天與會的嘉賓與師生，以及成教所珮如悉心地承辦外，一併將這心得納入本書作為見證，也是自我期許。

題是如何做趨勢觀察。演講中，他以曾被稱為臺灣史上最大金融弊案的十信案[2]和臺大對面公館地攤上出現滿街便宜的成衣販售為例，讓同學們討論兩者的影響力孰大？前者影響所及是與該案往來的利益關係人，後者則涉及整個成衣產業鍊的興起和家庭裁縫產業的式微等。最後，他還請大家觀察超市結帳櫃檯附近架上的產品，乃至小小的棕櫚刷、塑膠刷子，及除塵掃把等，所呈現的社會變化趨勢。

講了這麼多，回到主題，想說的是求新求變是要有立足點的，並非坐在書堆裡高談闊論抽象理論、不食人間煙火，或者追逐新鮮事，以為那就是全部。老實講，在大學教書三十年，愈教愈心虛，雖然盡力了，心知肚明在社會的變動下如何不隨波逐流，又不被浪潮衝垮，是需要有所本的。

君子務本，本立而道生。因此，在規劃這場論壇時，我們請來講者對國內外成人教育發展脈絡做一些梳理，並開闢了成人教育研究知識基礎的演化和跨學門的實踐單元等，邀請同仁們和畢業校友一起分享，無非期待為與會者、高雄師大成教所，乃至成人教育界留下一些見證、歷史資料，乃至基石。

誠如某位與會者所說，這時代教育需要新的派典（paradigm），聽起來沒錯，那又是什麼呢？的確需要仔細思索。論壇結束了，期許仍在，後進者的責任更加艱辛。行遠必自邇，祝福成教所大步邁出！

2023.11.11

2　十信案為 1985 年臺灣發生的「臺北市第十信用合作社」超貸、侵佔、背信與偽造文書案的經濟犯罪事件。資料來源：維基百科。

國家圖書館出版品預行編目（CIP）資料

熟成：大學教師真心話 / 何青蓉著. -- 初版. -- 高雄市：麗文文化事業股份有限公司, 2024.01
面；　　　公分
ISBN 978-986-490-239-2 (平裝)
1.CST 高等教育 2.CST 成人教育 3.CST 文集
525.07　112020777

熟成：大學教師真心話

作　　　者　何青蓉
發 行 人　楊宏文
編　　　輯　李麗娟
內 文 排 版　黃士豪

出 版 者　麗文文化事業股份有限公司
　　　　　　802019高雄市苓雅區五福一路57號2樓之2
　　　　　　電話：07-2265267
　　　　　　傳真：07-2233073
　　　　　　購書專線：07-2265267轉236
　　　　　　E-mail：order@liwen.com.tw
　　　　　　LINE ID：@sxs1780d
　　　　　　線上購書：https://www.chuliu.com.tw/
臺北分公司　100003臺北市中正區重慶南路一段57號10樓之12
　　　　　　電話：02-29222396
　　　　　　傳真：02-29220464
法 律 顧 問　林廷隆律師
　　　　　　電話：02-29658212

刷　　　次　初版一刷・2024年1月
定　　　價　350元
I　S　B　N　978-986-490-239-2（平裝）